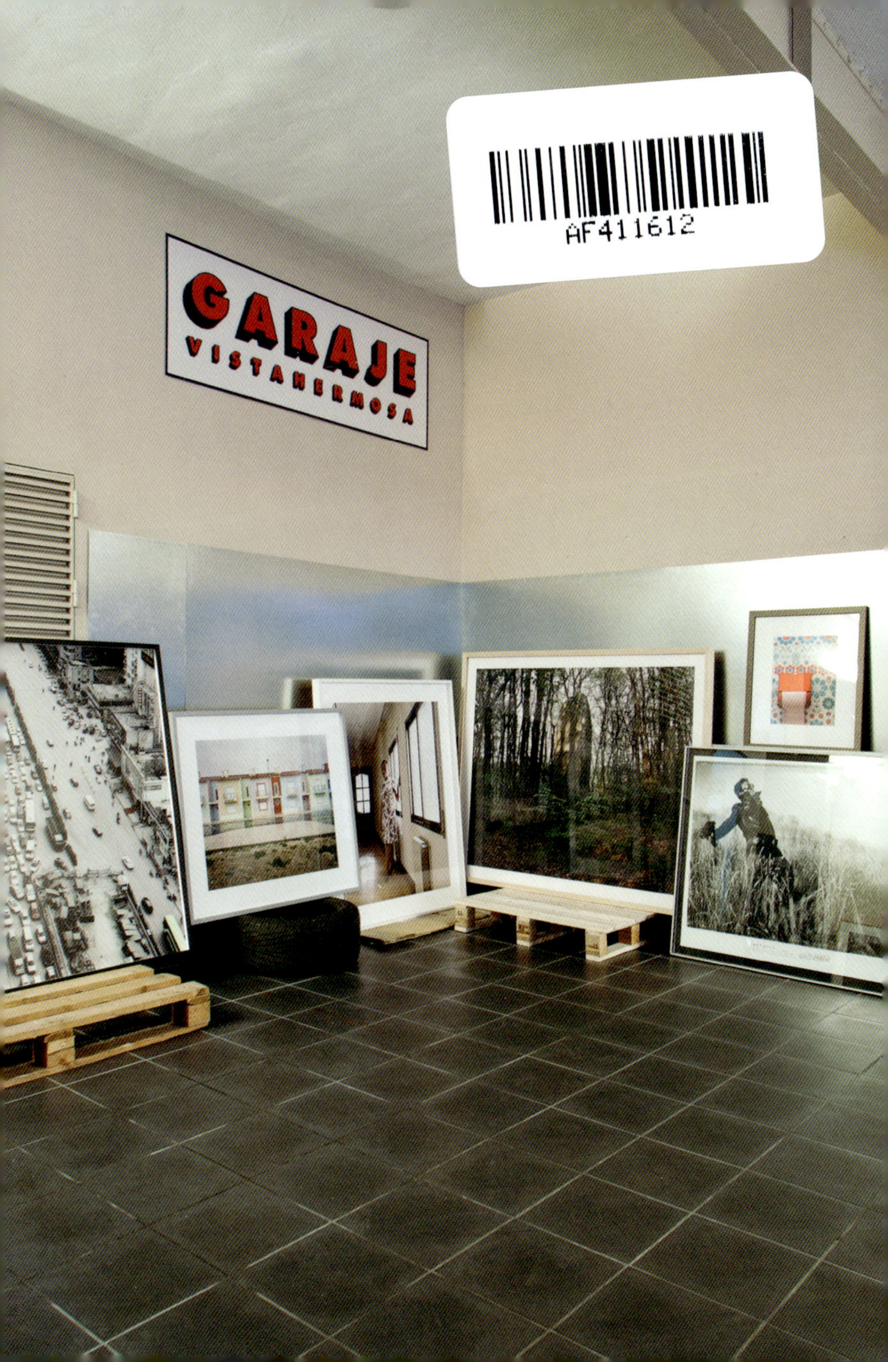
GARAJE
VISTAHERMOSA
AF411612

Biblioteca PHotoBolsillo

NOPHOTO

PHoto**Bolsillo**   LA FABRICA

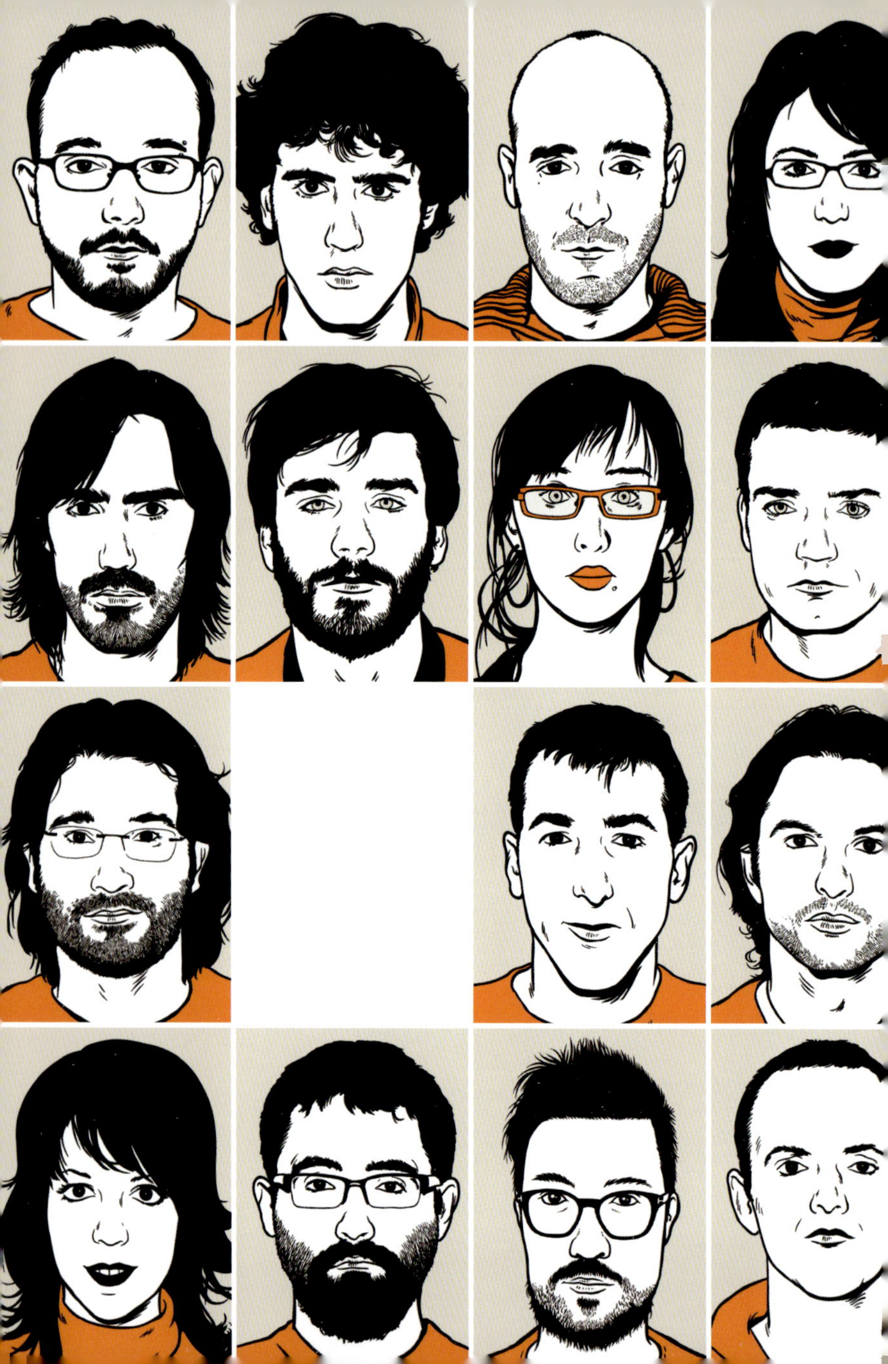

NOPHOTO
Lo único prohibido es no fotografiar

Diego Bagnera

Ilustraciones de David Sánchez

¿Son fotógrafos? No sólo. ¿Artistas? Sí y no. ¿Reporteros? Desde luego. *¿Videastas?* Cuando haga falta. ¿Periodistas? También. ¿Escritores? Incluso. ¿Ensayistas? Mucho. ¿Gestores culturales? Sin duda. ¿Productores? Lo siguiente. ¿Activistas? Si tercia. ¿Editores? Imprevisiblemente, siempre. ¿Viajeros? Más aún: deambulantes. Gente de los caminos. Refundadores del territorio sobre lo que la mayoría, por mayoría, ha establecido como paisaje. Fotógrafos de origen, son ante todo y por encima de todo creadores multidisciplinares y, para decirlo de una vez, sí: artistas, una definición de la que varios de ellos quizá discrepen. Tan experimentales como expertos, su actitud ante la realidad es propia de creadores, no de taquígrafos de lo meramente actual. ¿Hacen por ello arte? No necesariamente. En este híbrido inclasificable que encarnan, son artistas empeñados en no hacer arte sino buenos reportajes. Creadores inquietos que se rebelan contra las dos fuentes de las que beben. El arte como tal –con su circuito de difusión cerrado, galerístico, orgullosamente minoritario y elitista– no les alcanza, lo mismo que el periodismo al uso, como producto de consumo, concebido a imagen y semejanza de anunciantes y lealtades políticas. Conciben por ello auténticos documentos –muchos de ellos de ficción– basados rigurosamente en hechos reales. *Ficción* no como evasión de la realidad, sino como un modo más profundo y complejo de mostrarla. Fotografían así de forma no convencional. De manera literaria, no literal, entendiendo por *literatura* la adulteración de la literalidad: la capacidad de decir algo sin decirlo, de revelar algo sin mostrarlo, apenas rozando su sentido para darlo a sentir en su polisémica verdad, sin pretender encorsetarlo en una lógica cerrada, con afán de dominio. Entienden a su vez por fotografía una reflexión, en su sentido más amplio: reflexión en tanto que reflejo y pensamiento. Más que reflejar la realidad (que inevitablemente reflejan) los miembros de NOPHOTO reflexionan sobre ella, ahondándola, desacralizándola, parodiándola incluso, sin caer nunca en la tentación (ni en la creencia) de poder explicarla, mucho menos resolverla. Aceptan el desafío de soportar su misterio, a veces maravillados, a veces horrorizados, asombrados siempre.

Un antiguo proverbio sintetiza su filosofía: «El tiempo se venga siempre de lo que hacemos sin él». Los miembros de NOPHOTO focalizan un tema y, en adelante, realizan sin prisas un trabajo de campo en el que todo vale y nada se

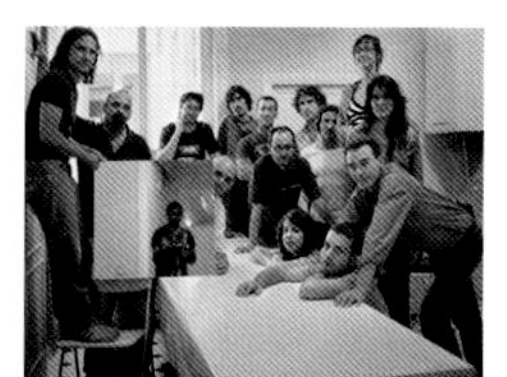

Reunión previa a NOPHOTO, 2004

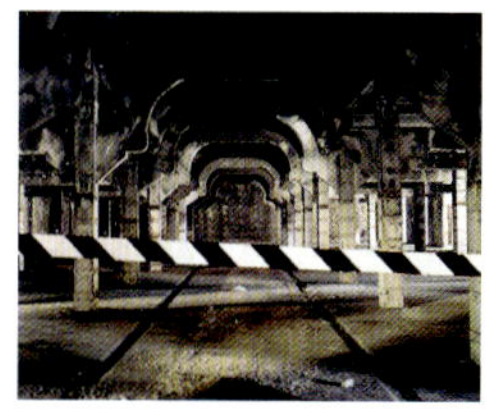

Invitación Muta Matadero, 2007

descarta, sencillamente porque todo cuanto entre en relación con ellos en la dirección tomada *es*, está siendo y, por ello, ha de ser reflejado y pensado. No abordan la realidad esperando hallar lo que imaginan y, si no lo encuentran, se marchan sin más. Para ellos siempre hay algo, sencillamente porque siempre lo hay. ¿Cómo podría no haberlo? Ante la considerada «carencia de realidad noticiable», saben que lo que falta no es más realidad, sino más mirada. Que sólo hay un exceso de ellos mismos impidiédoles mirar como miraría un niño, para el que la realidad no es aún compendio de códigos familiares, reducidos a su propia manipulación. Como para un niño, todo para ellos ha de ser otra vez signo, no significado, contando no obstante con la ventaja de conocer el significado compartido para poder ver así cómo éste nos posee y ha reducido nuestro mirar. «No es que nos guste ir a la contra –declaran–: nos divierte caminar despacio, torpemente, observar las diferencias menudas entre las cosas, descubrir sus ritmos. Tratar de describir un objeto, dar una vuelta alrededor, acariciar su contorno y cubrir todo el perímetro. Preguntarse de qué está hecho y qué papel cumple en la historia. Obligarse a agotar el tema y no decir nada. Obligarse a mirar con sencillez y no resolver nada. No ilustrar, no definir, no fotografiar. Lo que nos gusta es desfotografiar las cosas y desnombrarlas». En su relación con lo real no descartan así lo que un medio al uso descartaría. Todo es significativo; «realidades superfluas» o «anodinas» son conceptos del poder, del relato dominante que ellos contrarrelatan devolviendo valor a lo que, por motivos no siempre claros, ha sido devaluado. No maquillan ni esconden lo que encuentran. Le ceden el espacio que lo que también está siendo, tiene. No hacen ni pretenden «hacer» algo con la realidad: se exponen a descubrir qué hace la realidad con ellos y lo expresan, apoyándose sin temor en lo personal, incluso en lo autobiográfico, sabiendo leer en lo propio lo general y simbólico. Los ejemplos sobran. Escojo uno al azar, por cercano, de uno de sus más recientes proyectos: *Del 20N al 20D,* el calendario visual que han ido armando entre la fecha del 40 aniversario de la muerte del genocida Francisco Franco y la de la nuevas elecciones generales.

20N. Jonás Bel

El Pardo, Madrid. He estado toda la mañana aquí. He recorrido sus calles varias veces. Todo está cerrado.

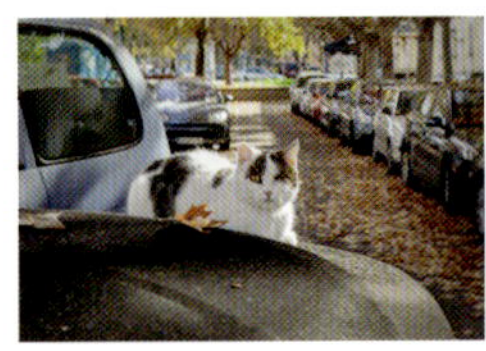

20N. El Pardo. Jonás Bel, 2015

No he visto ninguna concentración franquista ni a nadie rindiendo homenaje al Caudillo. Lo que sí me ha ocurrido es que me he cruzado con el mismo gato varias veces. Al final, a regañadientes, lo he fotografiado. Me he dado cuenta de que le faltaba un ojo, el derecho, como a Millán Astray. Aburrido de no encontrarme con nada y después de que se negaran varias personas del pueblo que estaban en un bar a que les retratara, me he puesto a leer sobre el militar español. He recordado su polémica con Unamuno, de la que procede su famosa frase «¡Muera la inteligencia! ¡Viva la muerte!», y he leído que fue jefe de Prensa y Propaganda de la dictadura militar. Tal vez este gato mutilado haya estado vigilándome durante toda la mañana. Tal vez fuera él.

En NOPHOTO lo único prohibido es no fotografiar. No fotografiar es no haber mirado bien. No haber atendido.

Como este mismo ejemplo también trasluce, el texto complementario no los acompleja. Nunca es muleta de un imagen coja. Texto y foto actúan por vías autónomas, justificadas cada cual por sí misma, pero a su vez de un modo imprescindiblemente complementario, siempre literario, como decíamos, para hablar de algo sin pronunciar ni mostrar aquello que más inequívocamente lo expresaría y sólo así poder dar, paradójicamente, a sentir su verdad. Imagen y texto generan de este modo juntos –más que una respuesta– el vacío cargado de sentido en el que el espectador pueda caer devuelto a su propia naturaleza interrogante. Ser devuelto, en suma, al asombro, según la etimología, el sobresalto producido por la repentina aparición de una sombra sobre la claridad a la que nos habíamos habituado y que esa aparición cuestiona y replantea. La del fotógrafo –parece señalar este colectivo madrileño– es siempre así, una mirada original de asombro, o no es.

Esta premisa ya estaba en sus inicios, cuando estos inquietos fotógrafos no eran aún NOPHOTO y se reunían una vez al mes en el Shooters de Madrid, un bar a un paso de la Gran Vía. Allí, en 2004, organizaban sus *Proyecta:* unos encuentros en los que diversos creadores seleccionados cada mes con un criterio muy abierto y plural mostraban sus trabajos proyectados en una pantalla gigante. Poco después, el núcleo duro de ellos decidió aunar esfuerzos y crear una agencia, como suelen decir, no convencional. Esto es, con la particularidad de tener una línea estética y conceptual que no fuera unívoca sino polifónica. Una línea estética y conceptual que careciera de toda línea estética y conceptual, no por no tener caóticamente ninguna –esa cosa tan posmoderna de sabotaje vacío–, sino por mantenerse creativamente abierta a todas, lo cual requiere valor y paciencia a la hora de aunar esfuerzos entre gente tan dispar como la que se ha nucleado en este colectivo, unida no obstante por una incombustible pasión por el hacer. En NOPHOTO nadie pide permiso. No se quedan a la espera de que alguien los avale para realizar sus proyectos. No se excusan: hacen. Consuman sus sueños. Bajo ningún paraguas, con contados apoyos, no rinden cuentas a nadie y se han hecho a sí mismos desde la más rigurosa autogestión, creando su propia plataforma, desde la que han crecido y demostrado que, como creía Brancusi, las cosas no son difíciles de hacer; lo difícil es colocarnos en disposición de hacerlas. Y hacerlas.

Ellos mismos suelen decir que NOPHOTO, además de una agencia, es una actitud: la de asumir quizá que no importa tanto qué han hecho el mundo y los demás de nosotros como qué haremos con eso que los demás y el mundo ya hicieron de nosotros. La de asumir, en suma, que acaso no podamos modificar la realidad, pero sí nuestra vida cambiando nuestra mirada ante lo que nos condiciona pero no nos determina y modificando así, desde la adopción de otra actitud, nuestros propios actos ante los mismos hechos. Yo me he sentido muchas veces más narrado en los proyectos de NOPHOTO que en los de tantos periódicos, radios y televisiones. Atentos al mundo, no olvidan la vida. Incluso cuando no la entiendan, la señalan. Como los niños. Con ese mismo punto lúdico. Juegan. Pero juegan con toda la verdad del mundo. A mí, de ellos me gusta hasta lo que no me gusta. Como mirarse al espejo. Con sus primeros diez años de andadura representan ya una de las aventuras culturales más estimulantes de la España contemporánea. Pura inspiración: inspiran al que se relaciona con sus creaciones. Y eso es siempre un acto de amor, que, lejos de crear lo que no existe –esa cosa tan «mágica» del amor romántico–, revela aquello que, solos, sin la ayuda de otro, no podemos ver. A por otros diez años sin lazarillo. Os lo agradeceremos.

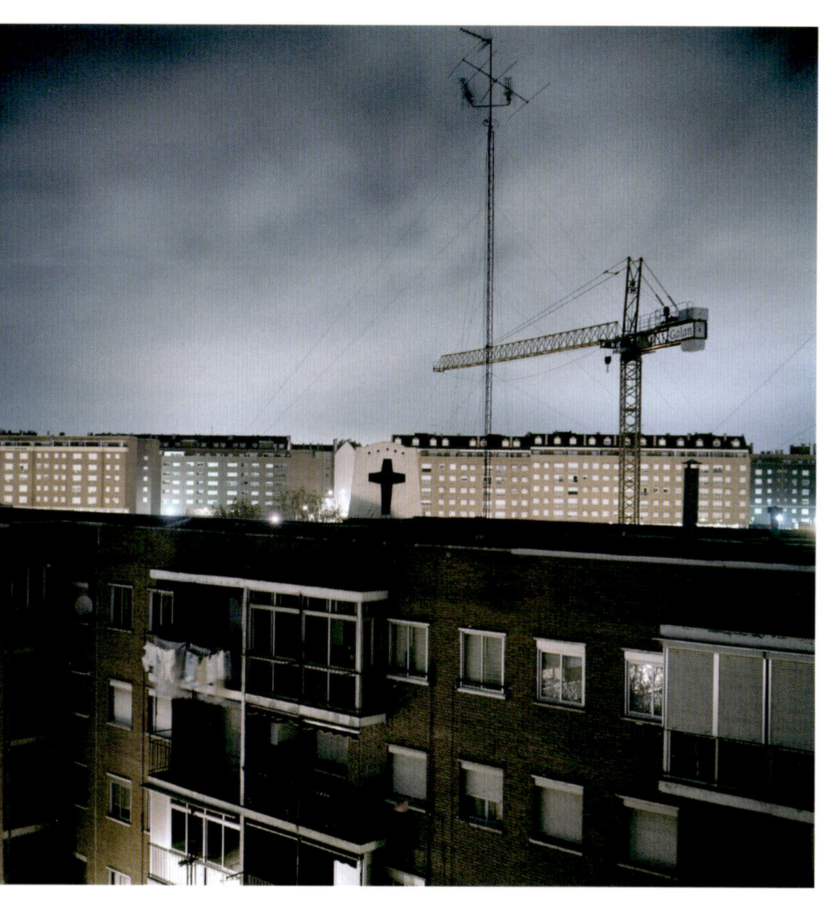

. Cercanías. Jorquera, 2005

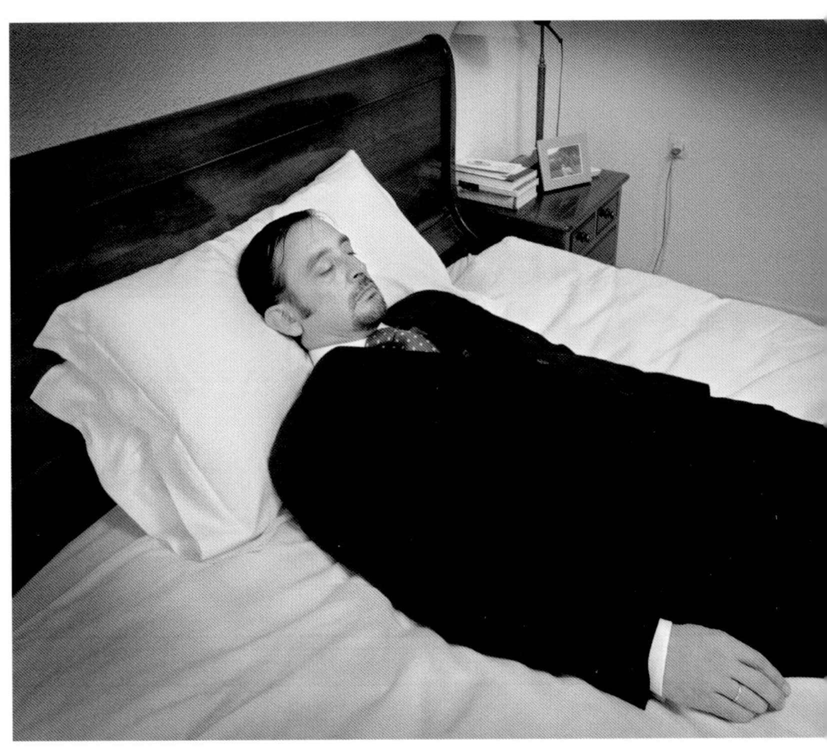

02. Cercanías. Paco Gómez, 2005

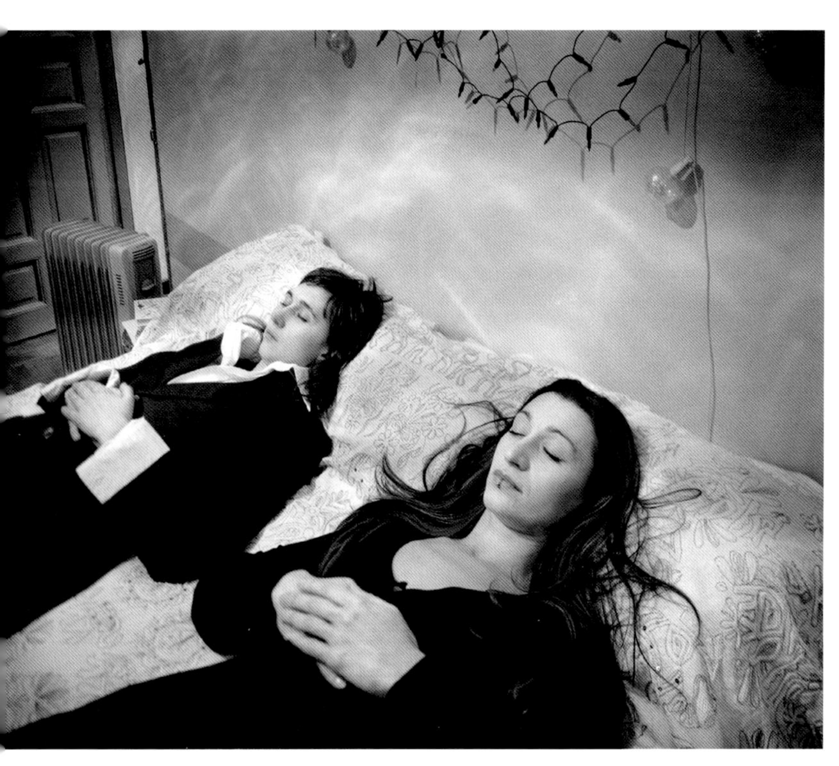

3. Cercanías. Paco Gómez, 2005

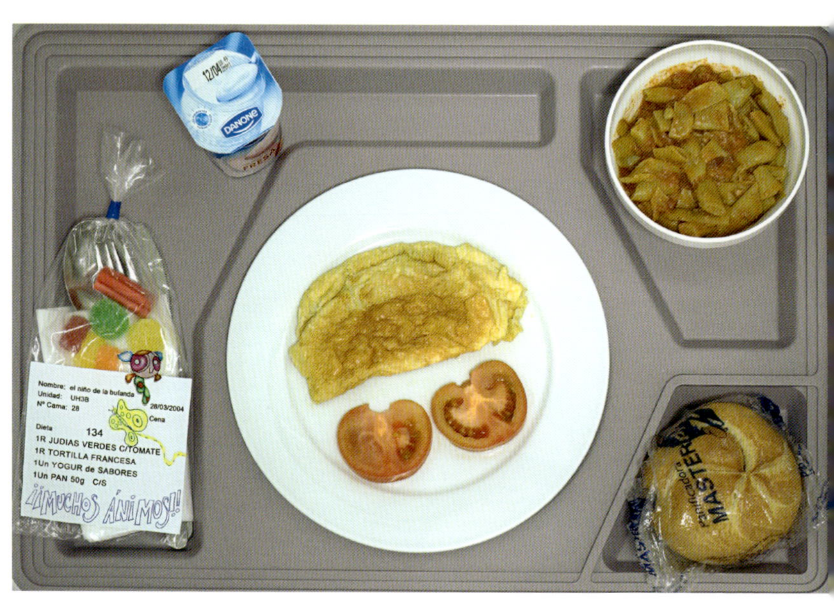

04. Cercanías. Eva Sala, 2005

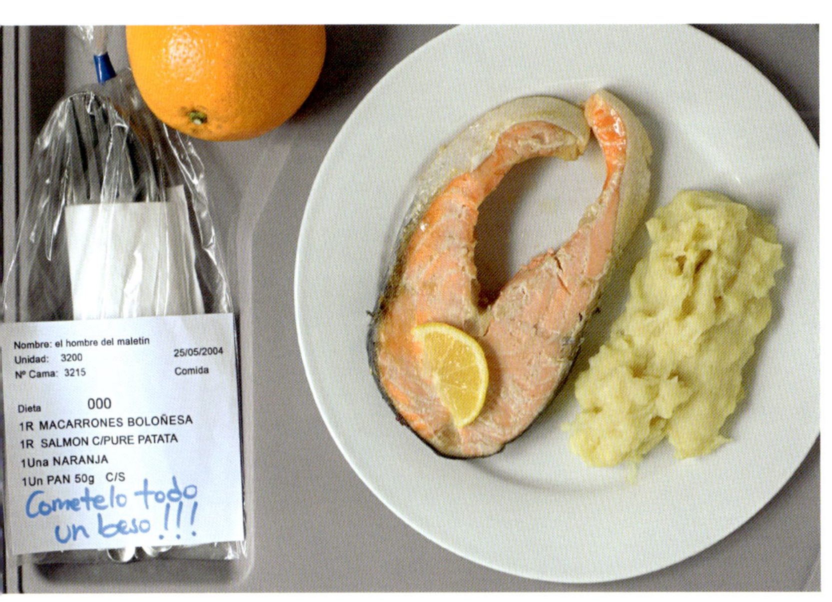

5. Cercanías. Eva Sala, 2005

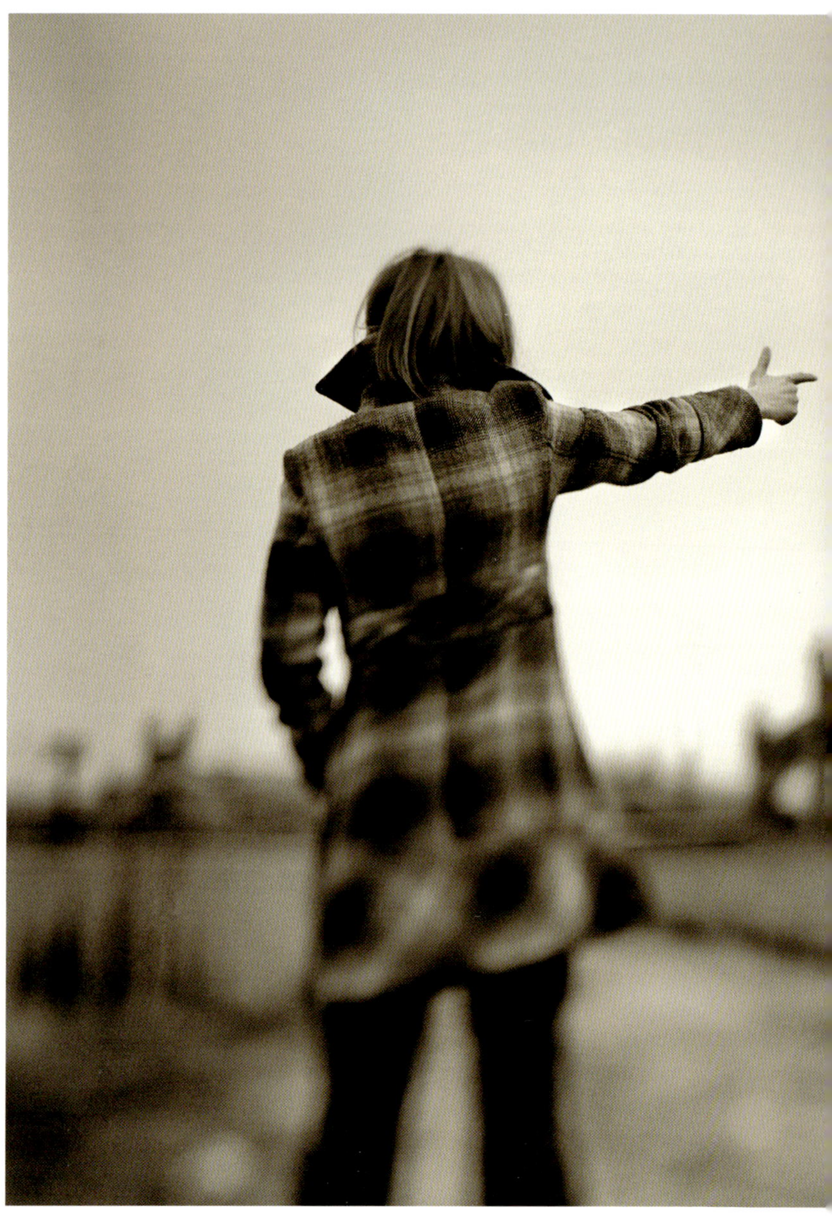

06. Muta Matadero. Paco Gómez, 2007

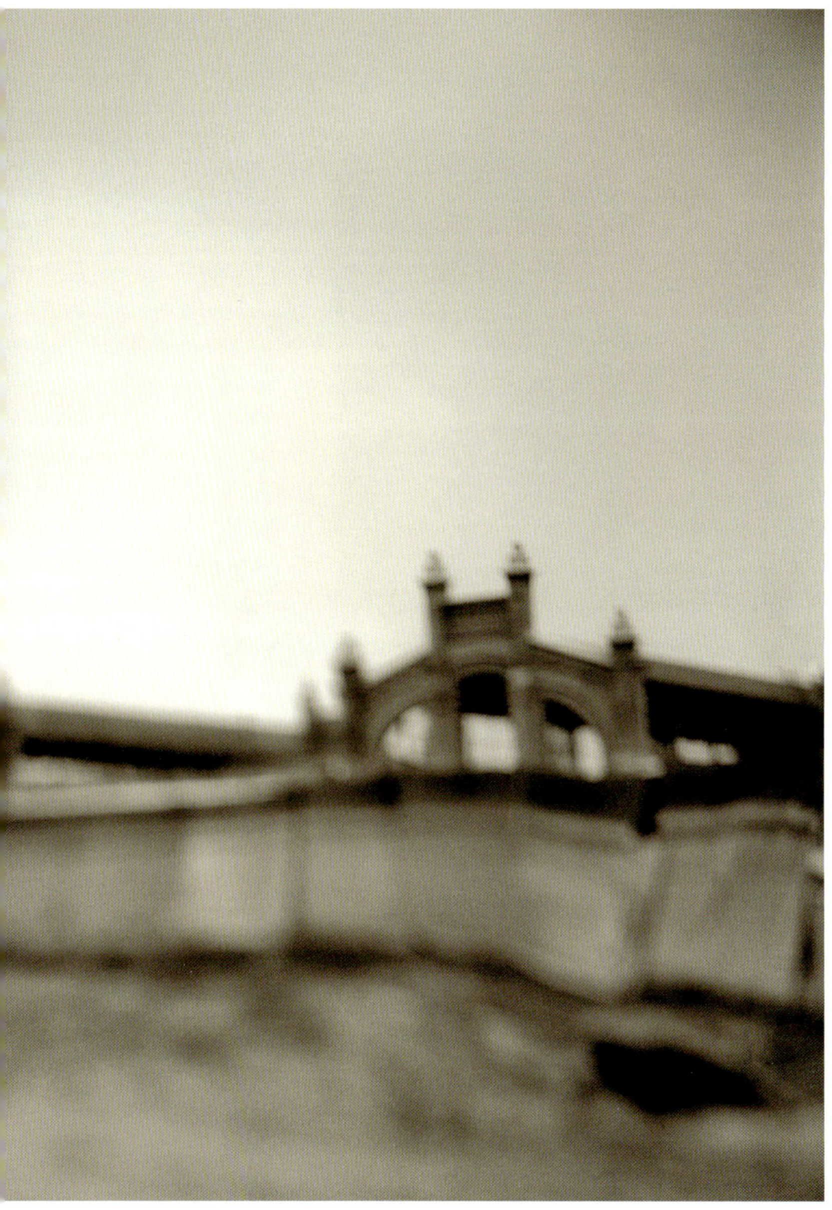

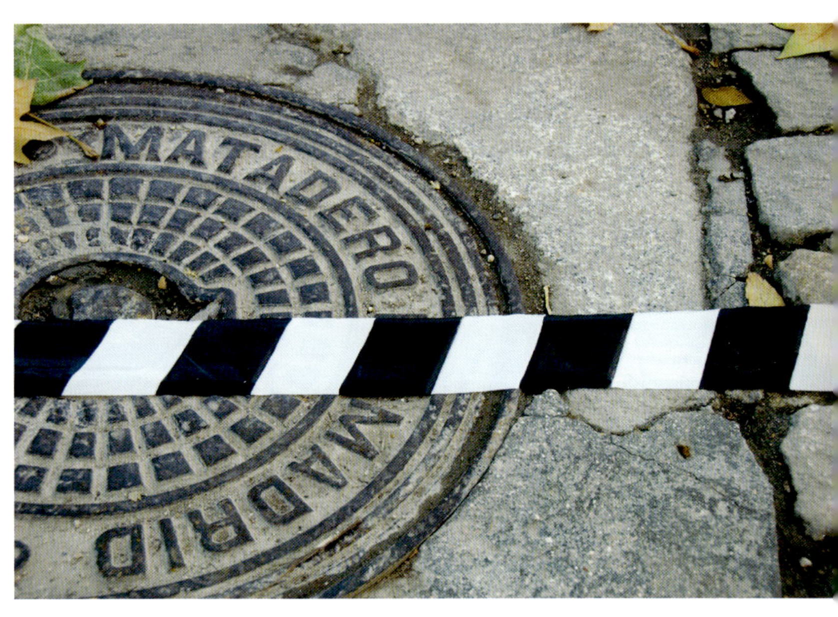

07. Muta Matadero. Juan Santos, 2007

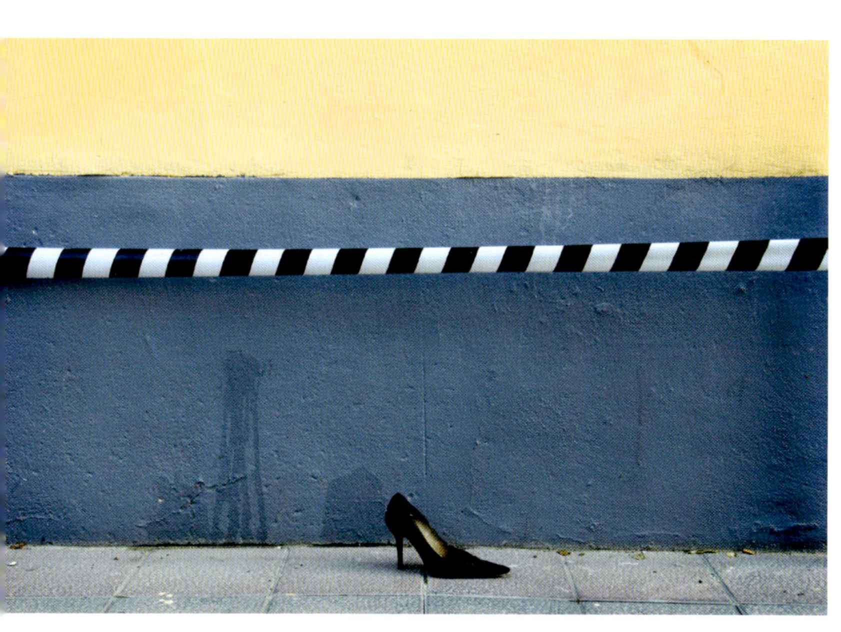

08. Muta Matadero. Juan Santos, 2007

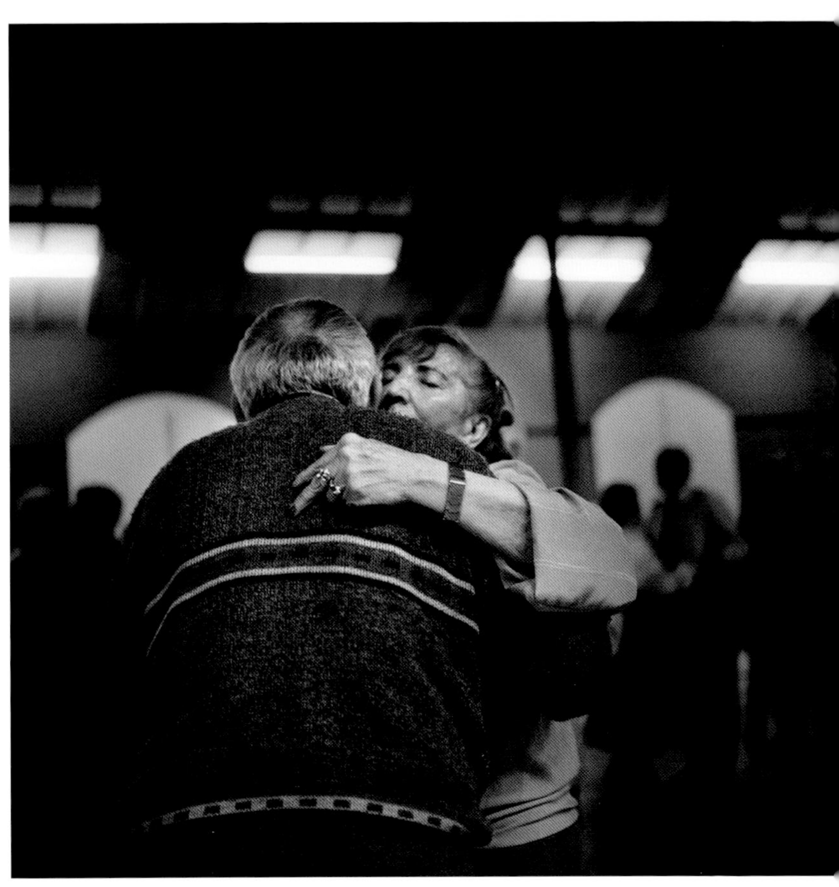

09. Muta Matadero. Juan Valbuena, 2007

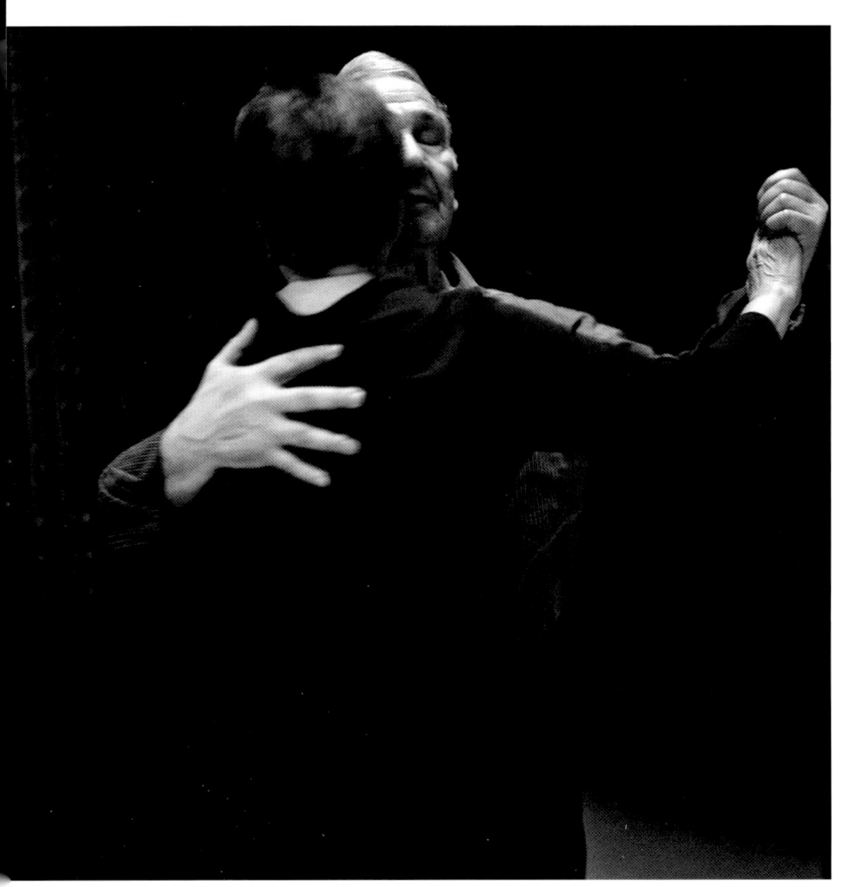

10. Muta Matadero. Juan Valbuena, 2007

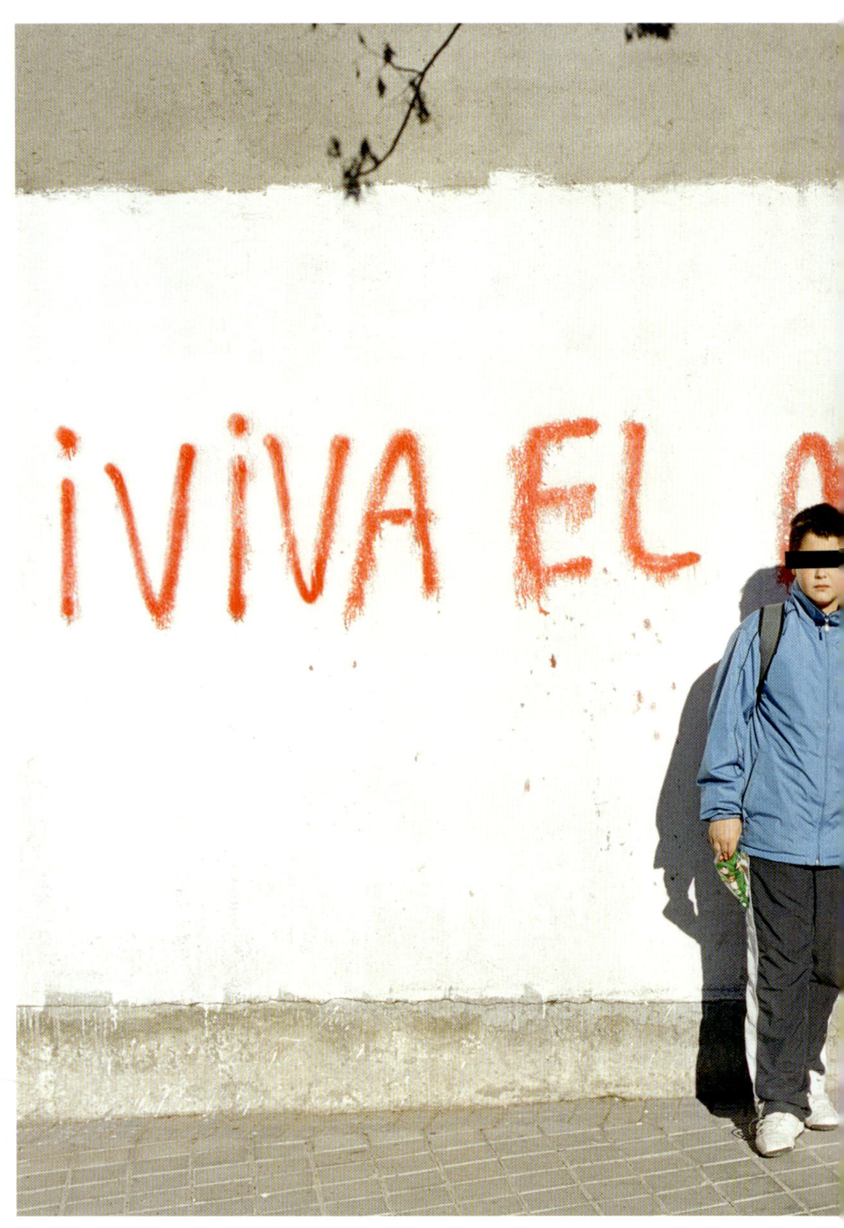

11. Muta Matadero. Carlos Sanva, 2007

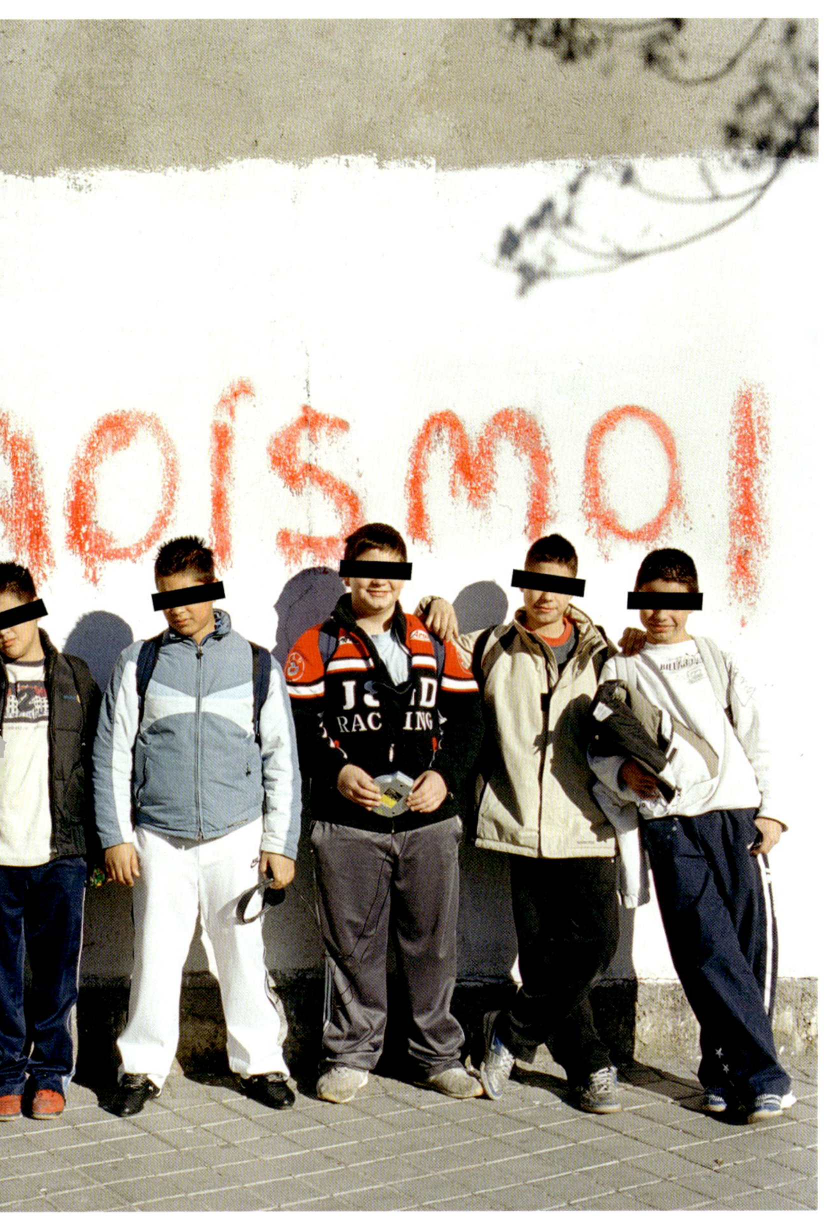

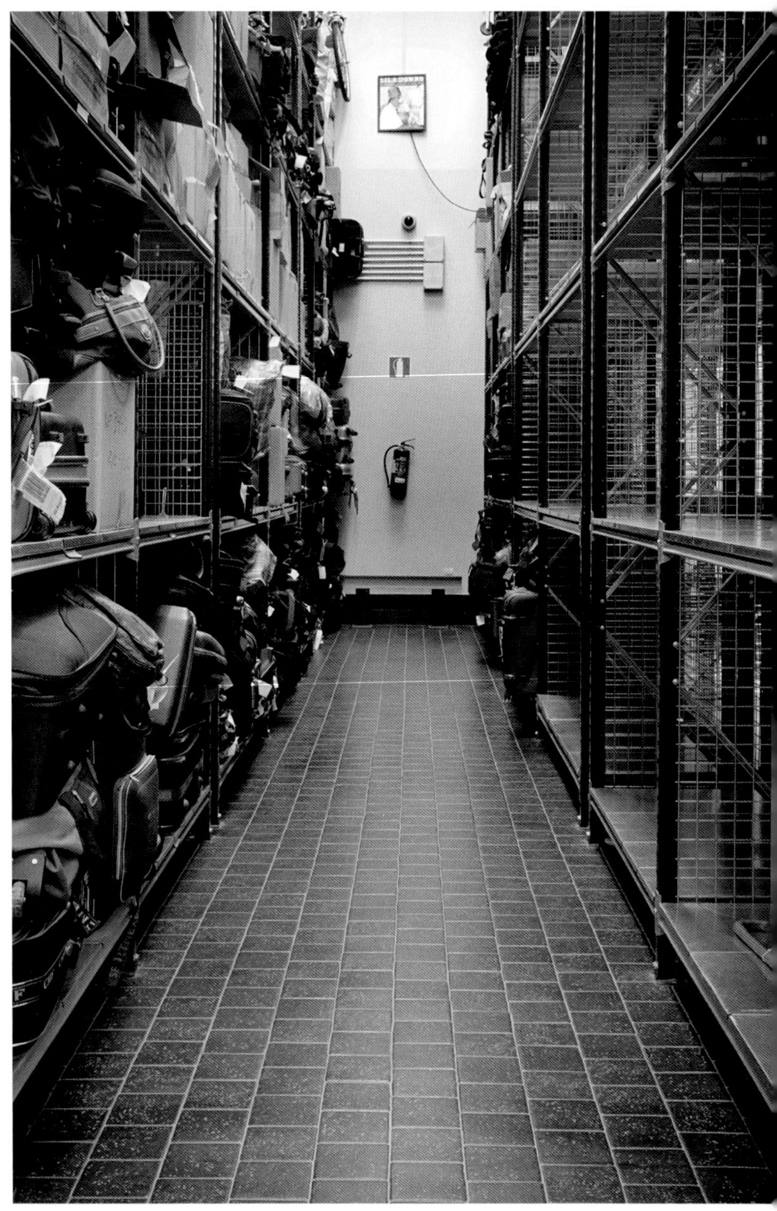

12. Muta Matadero. Eva Sala, 2007

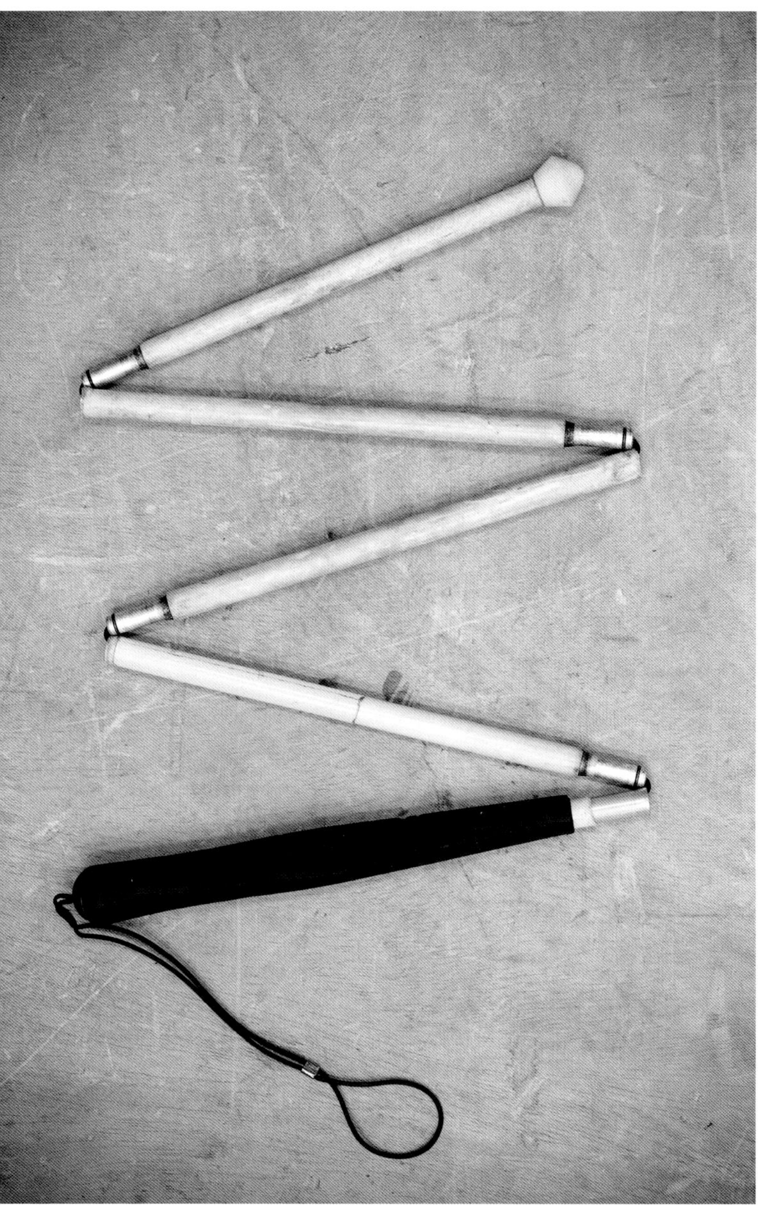

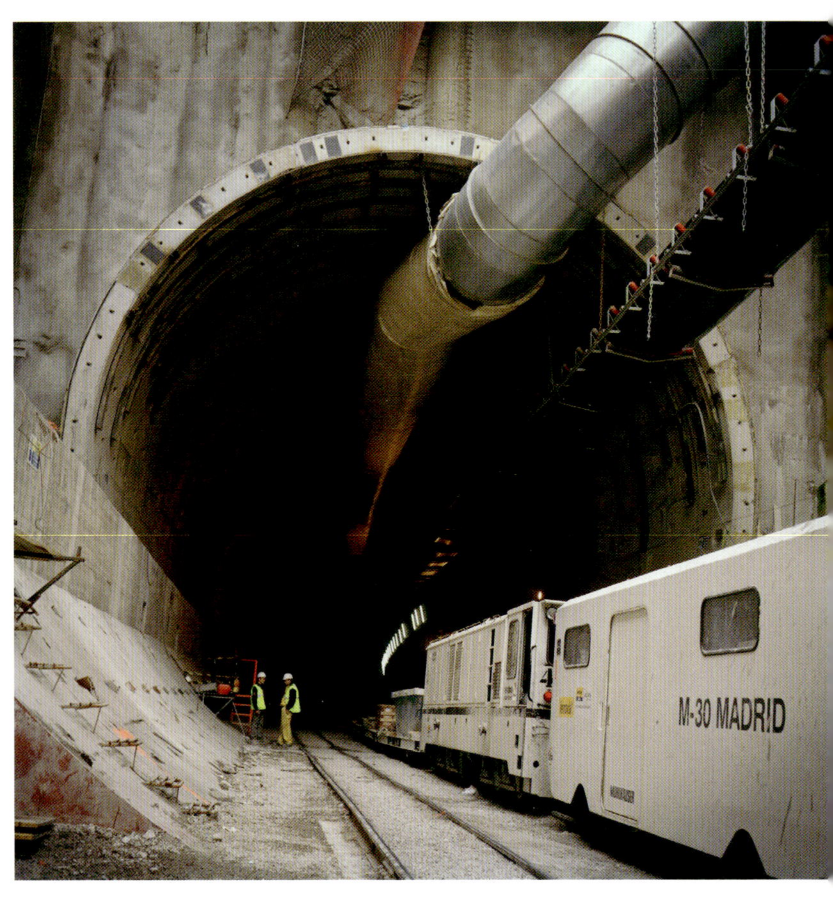

13. Muta Matadero. Juan Millás, 2007

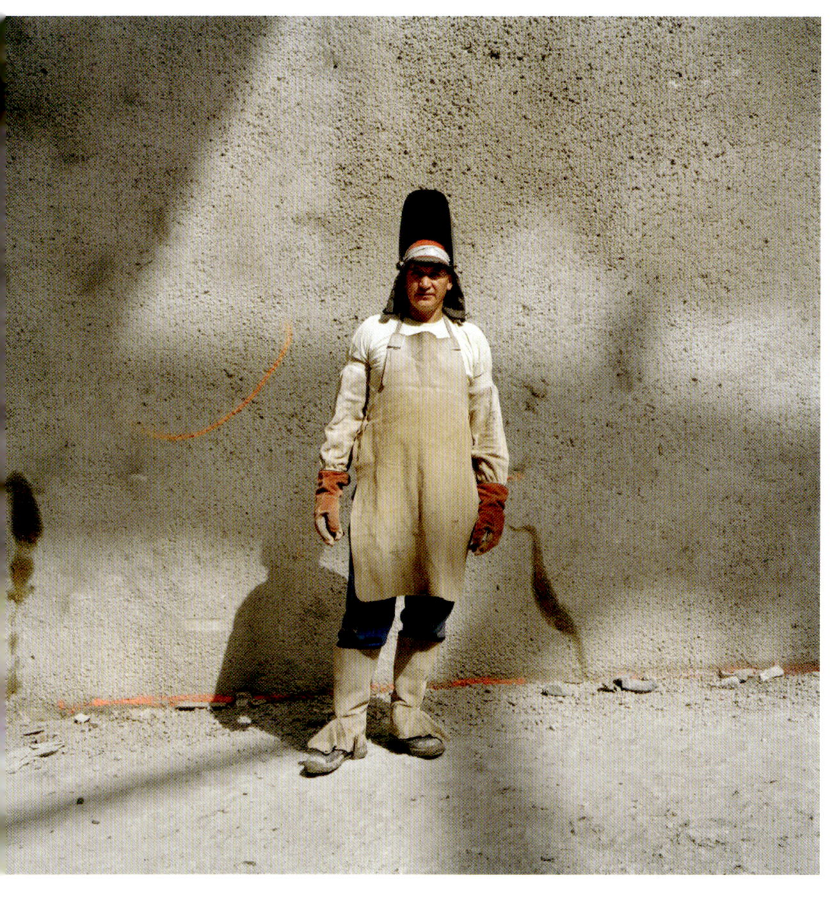

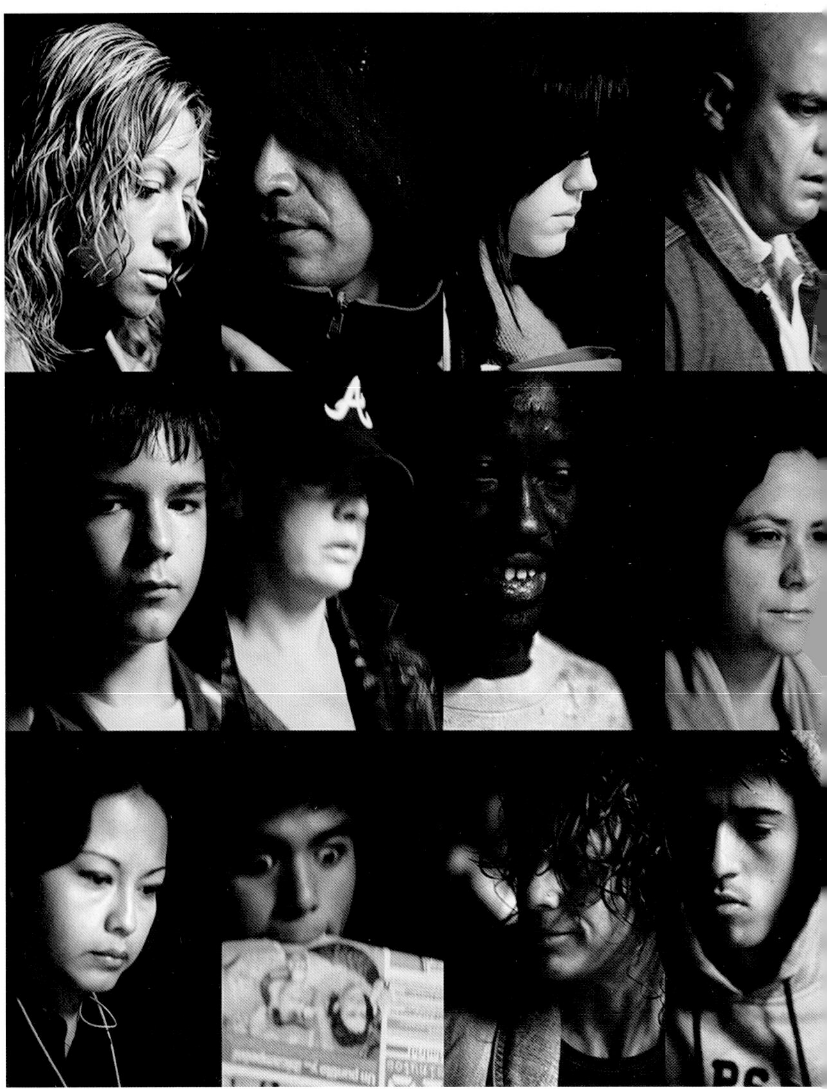

14. Muta Matadero. Jorquera, 2007

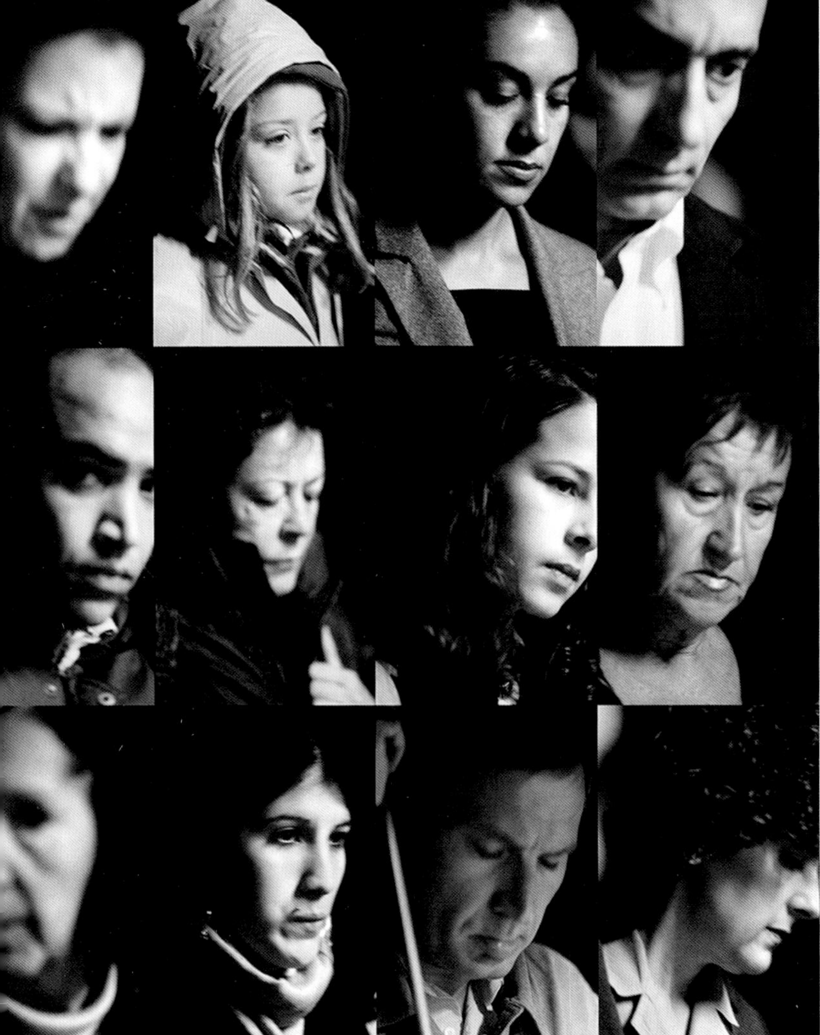

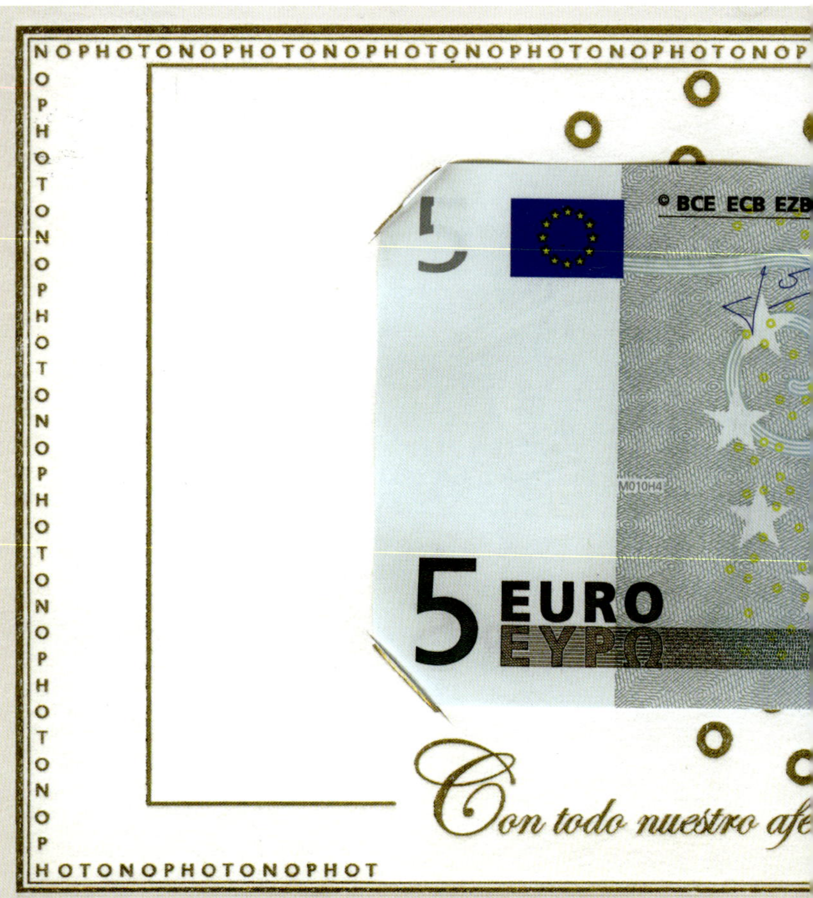

15. Felicitación navideña. NOPHOTO, 2008

Feliz Crisis

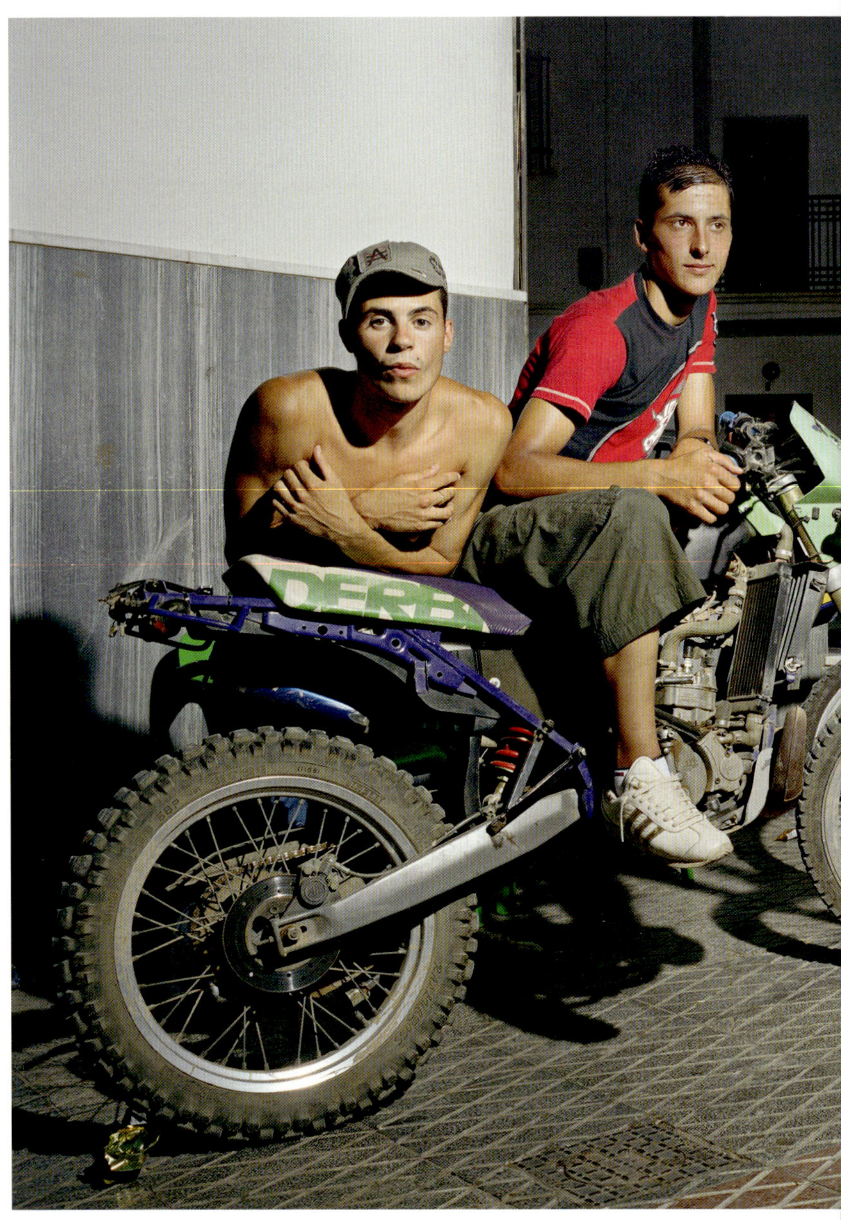

16. Aquí y ahora. 49 cc. Carlos Sanva, 2009

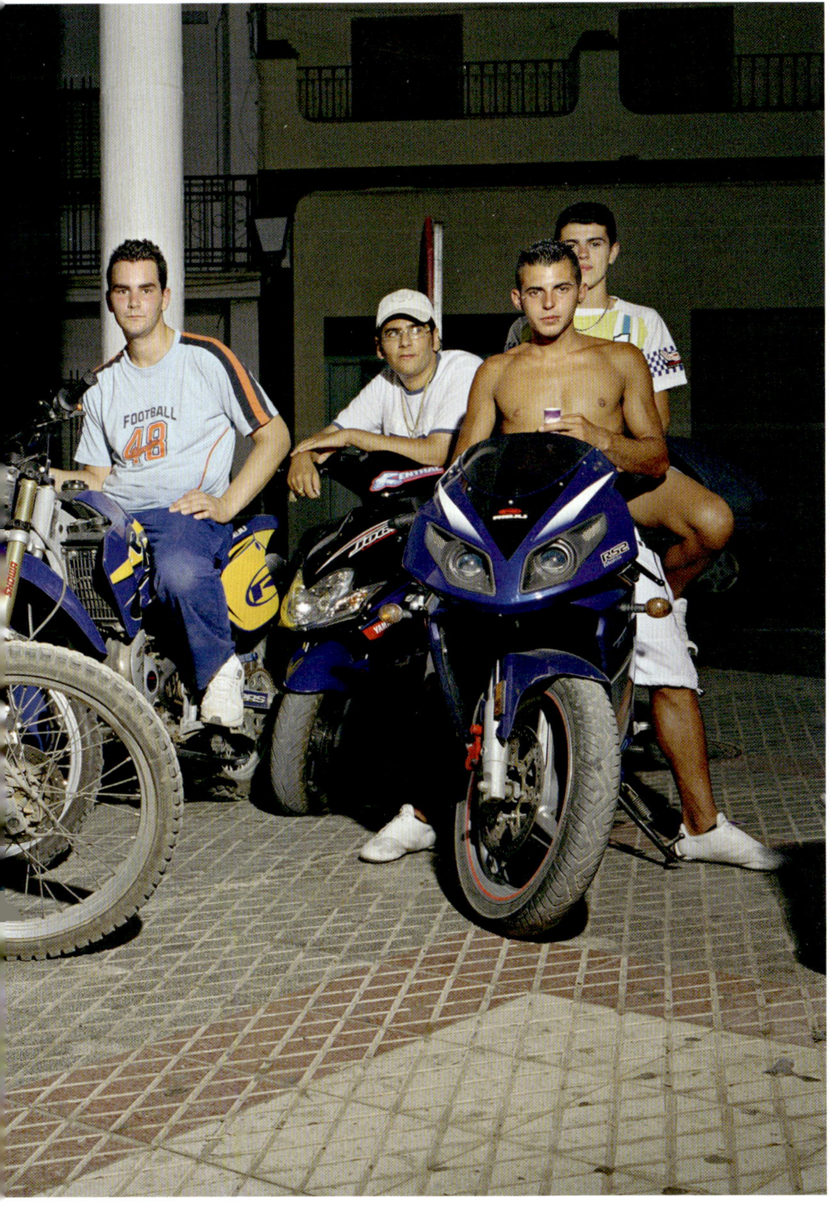

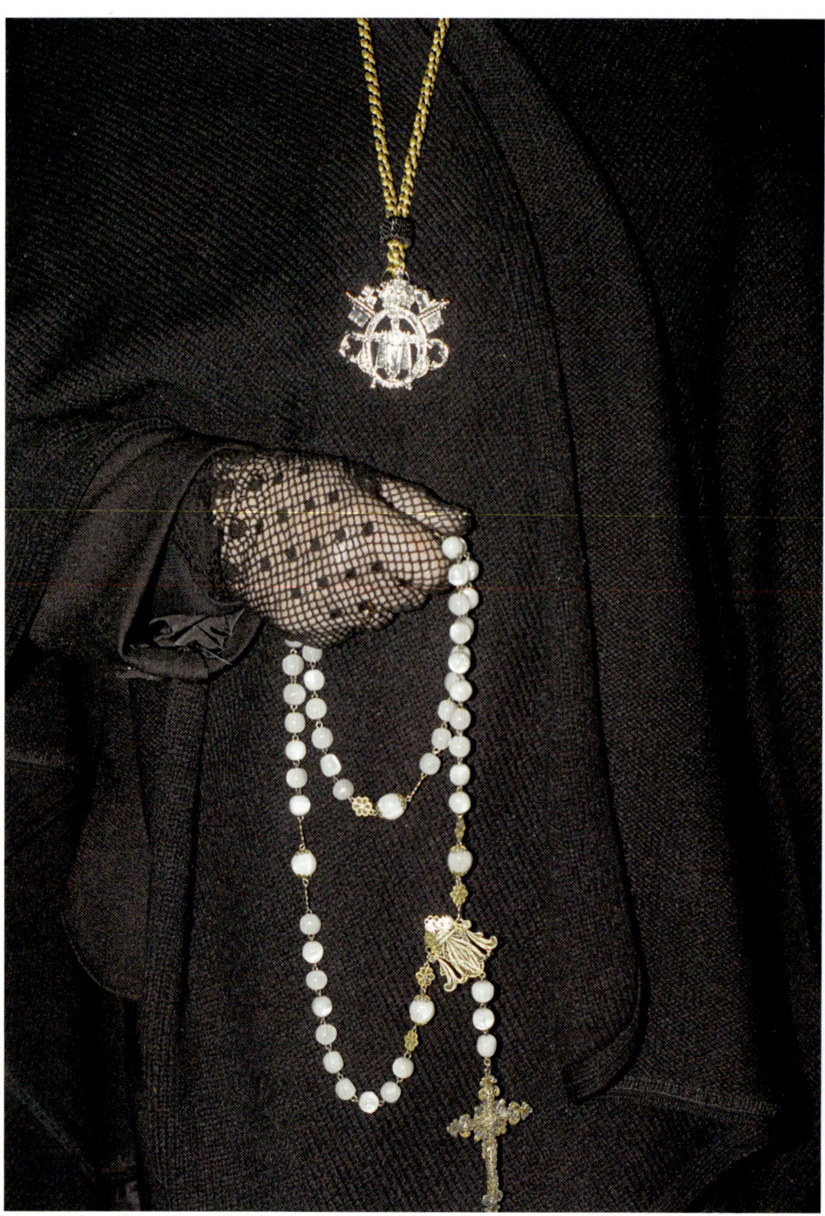

17. Aquí y ahora. Letanía. Eva Sala, 2009

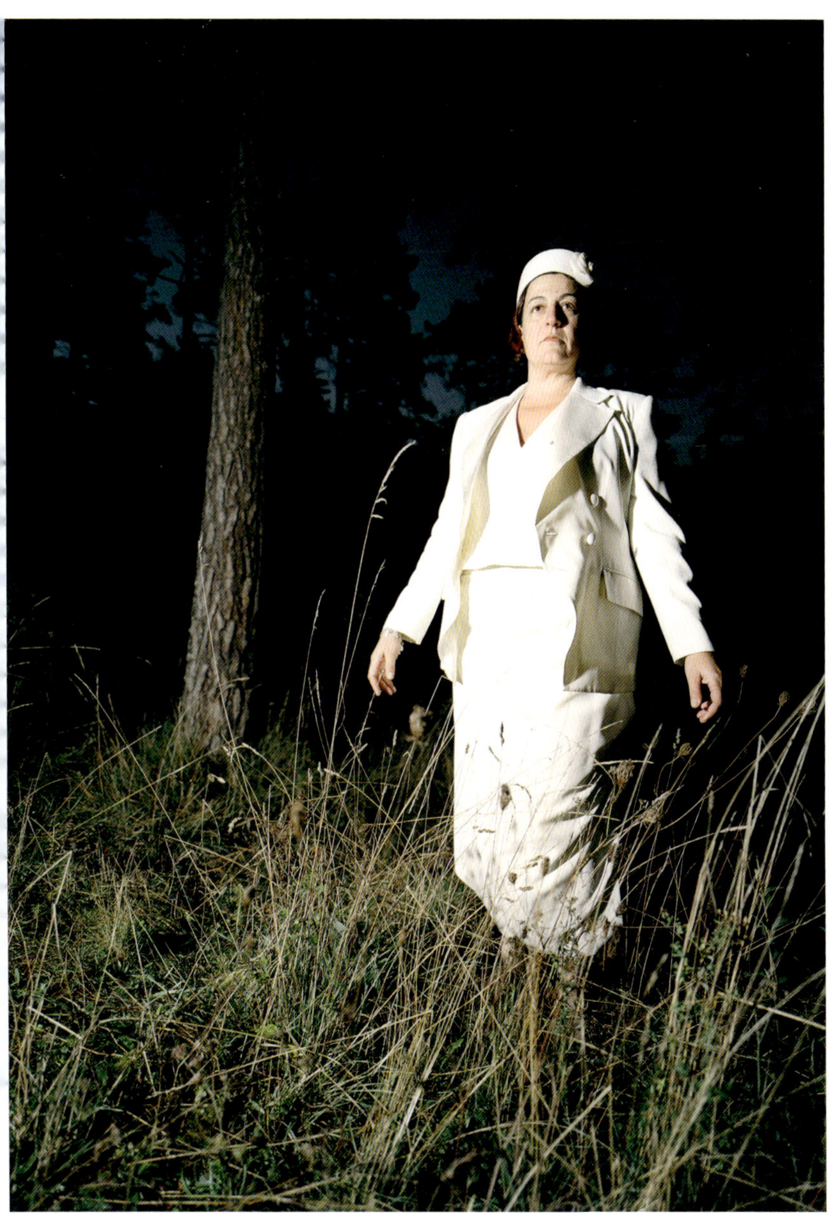

8. Aquí y ahora. Esposas. Tanit Plana, 2009

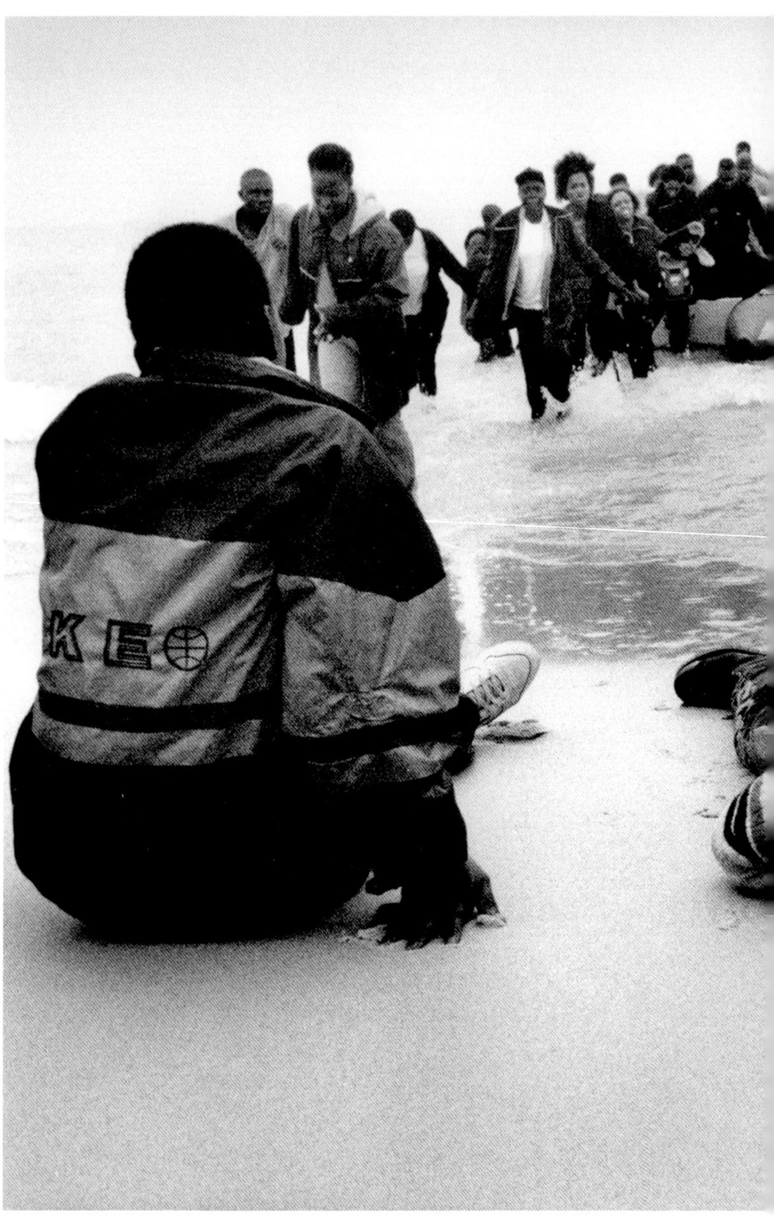

19. Aquí y ahora. Extraños. Matías Costa, 2009

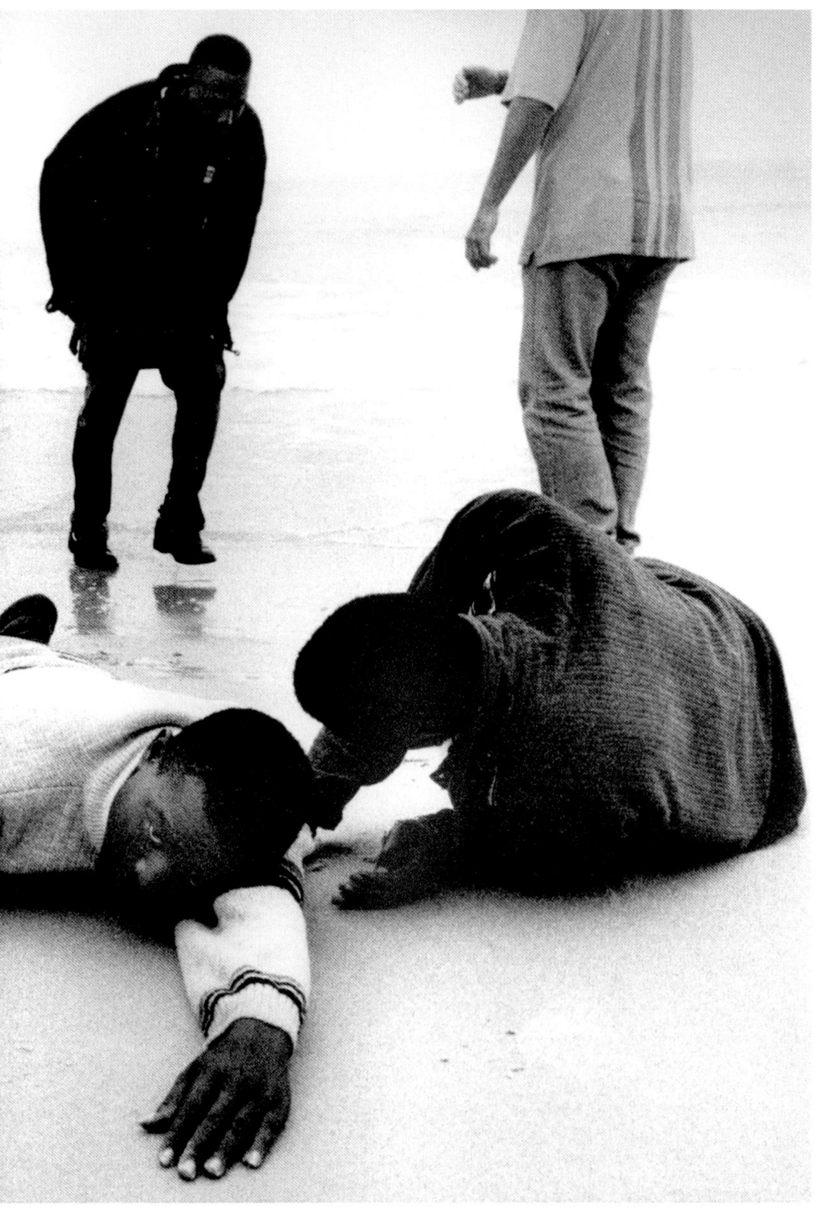

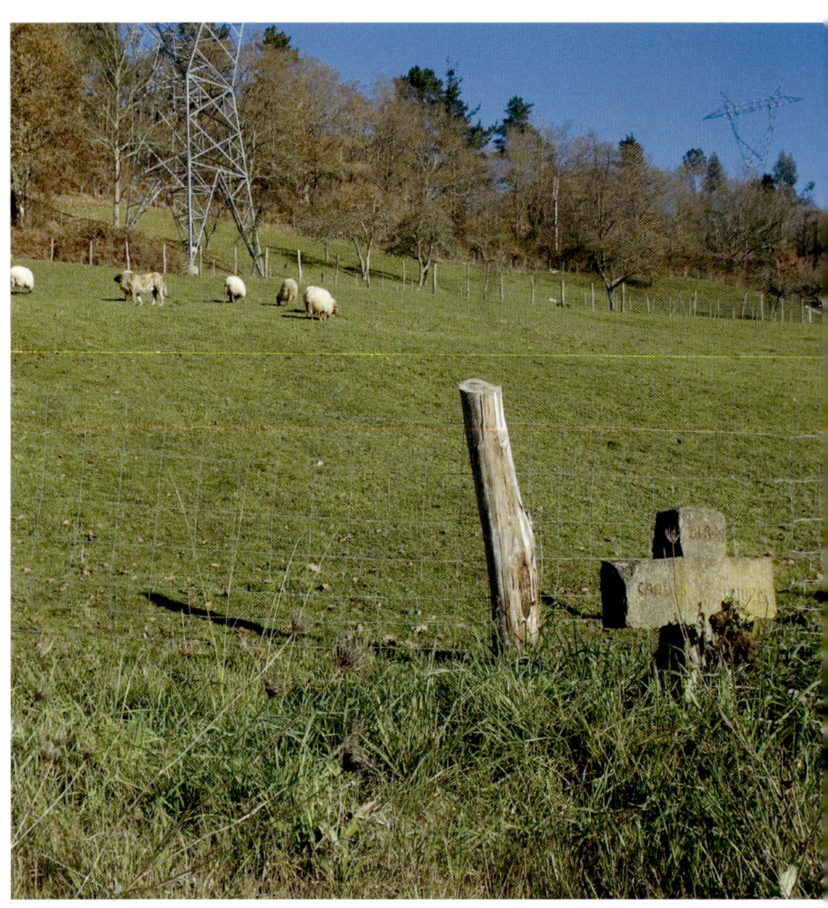

20. Aquí y ahora. Naturaleza muerta. Juan Santos, 2009

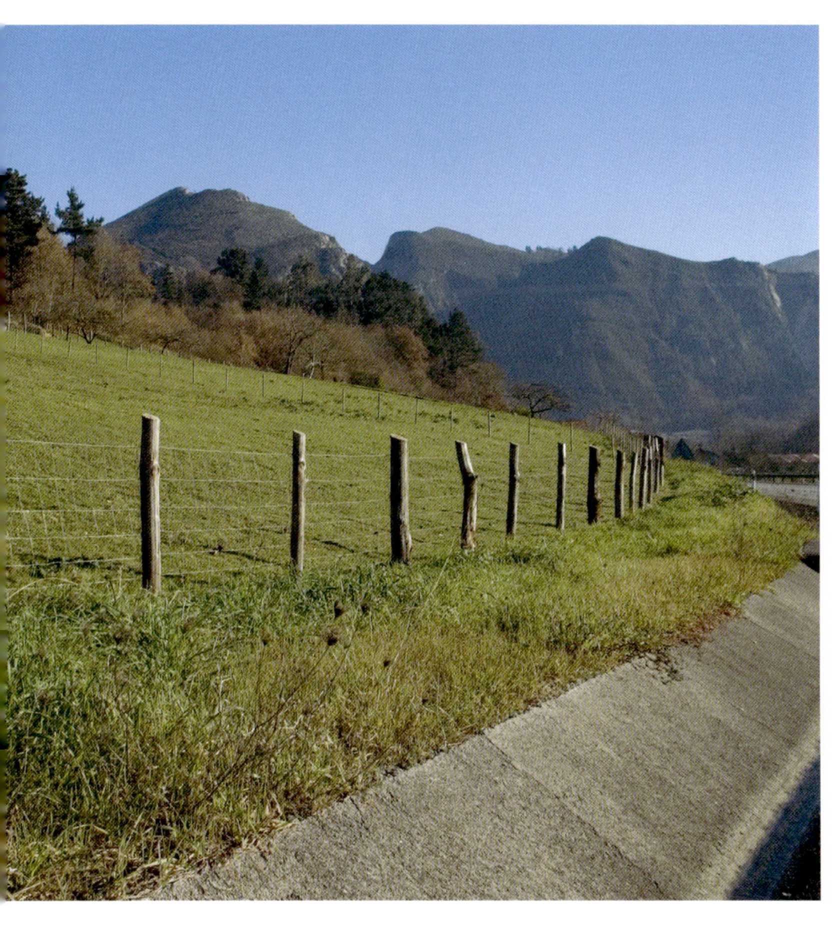

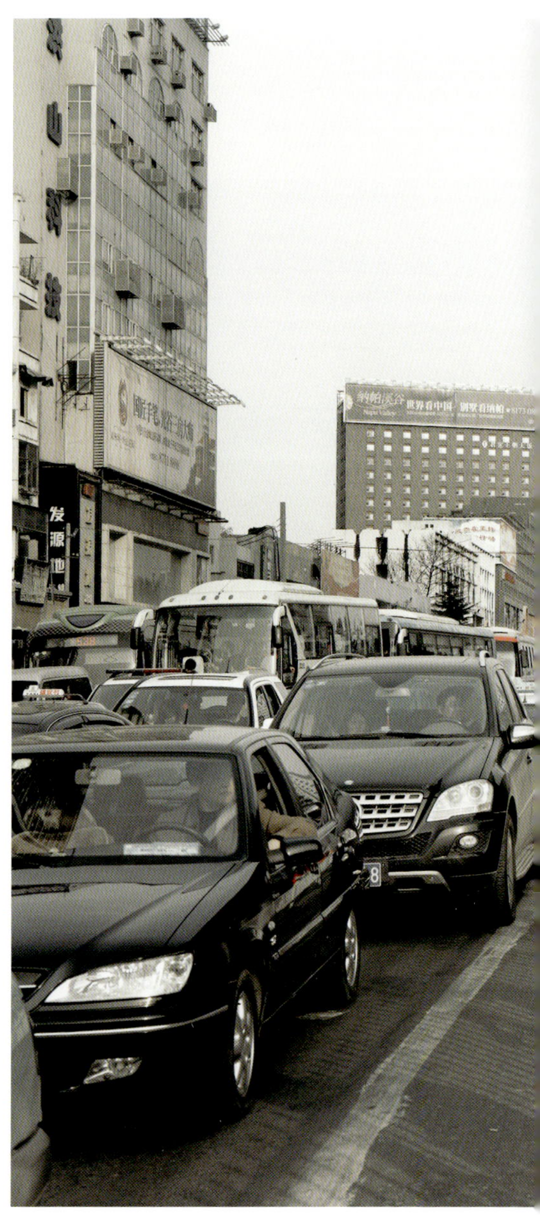

21. Somos un equipo ciclista. NOPHOTO, 2010

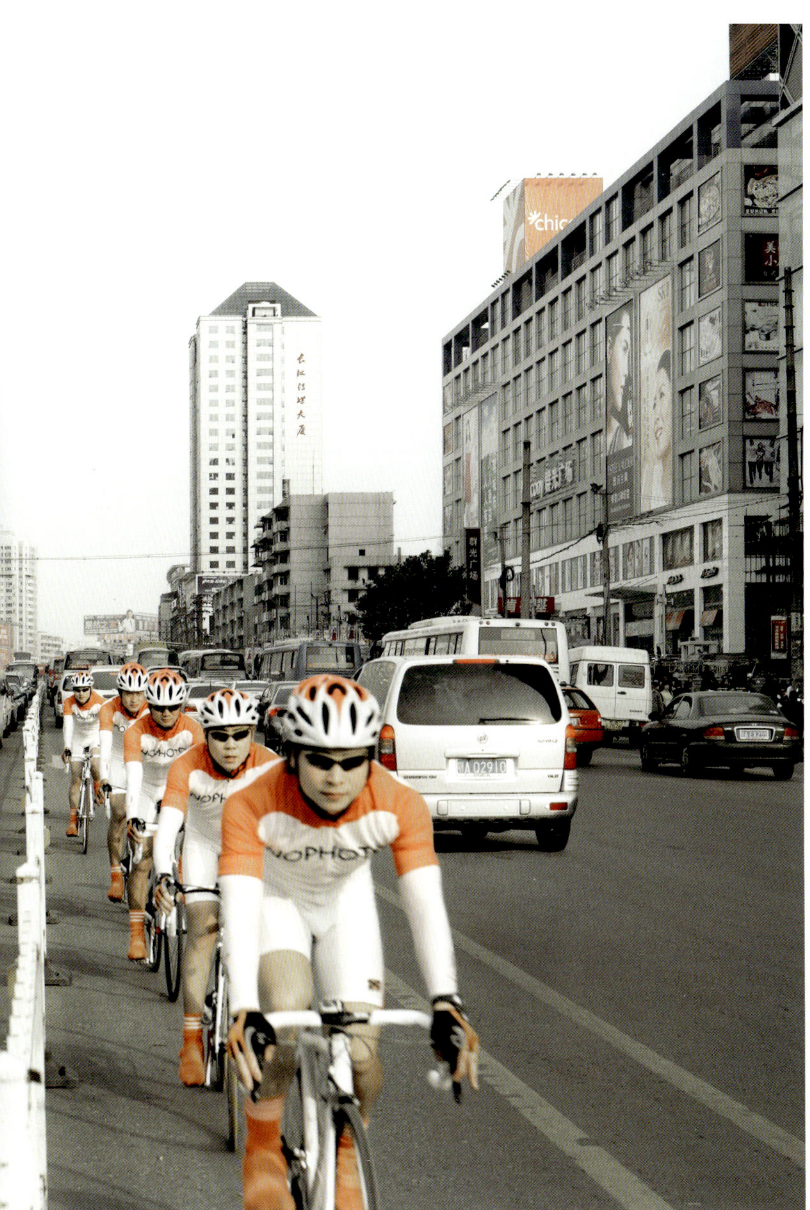

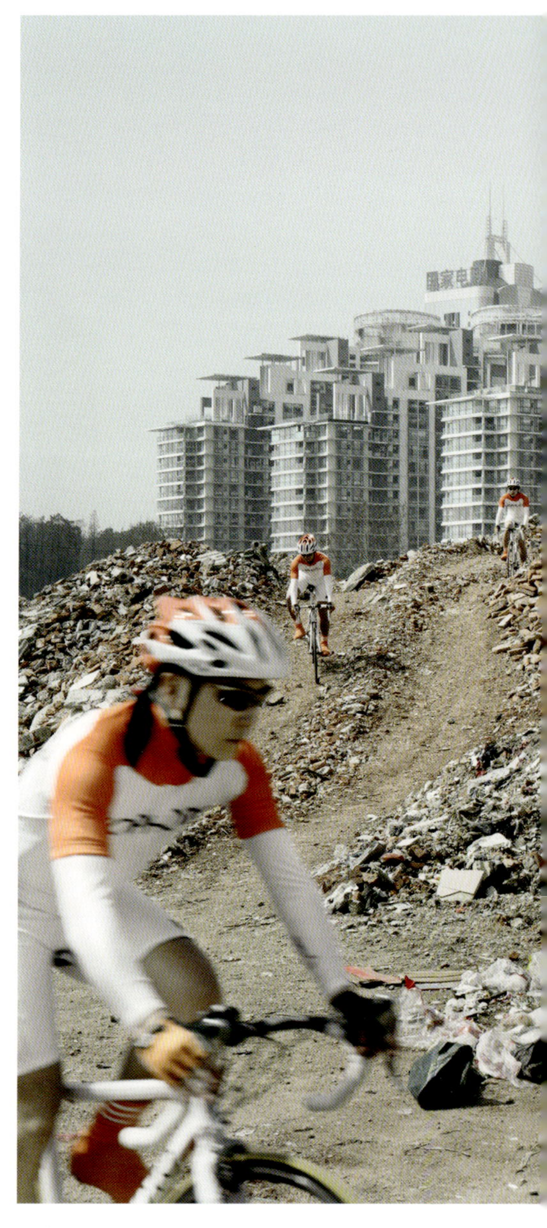

22. Somos un equipo ciclista. NOPHOTO, 2010

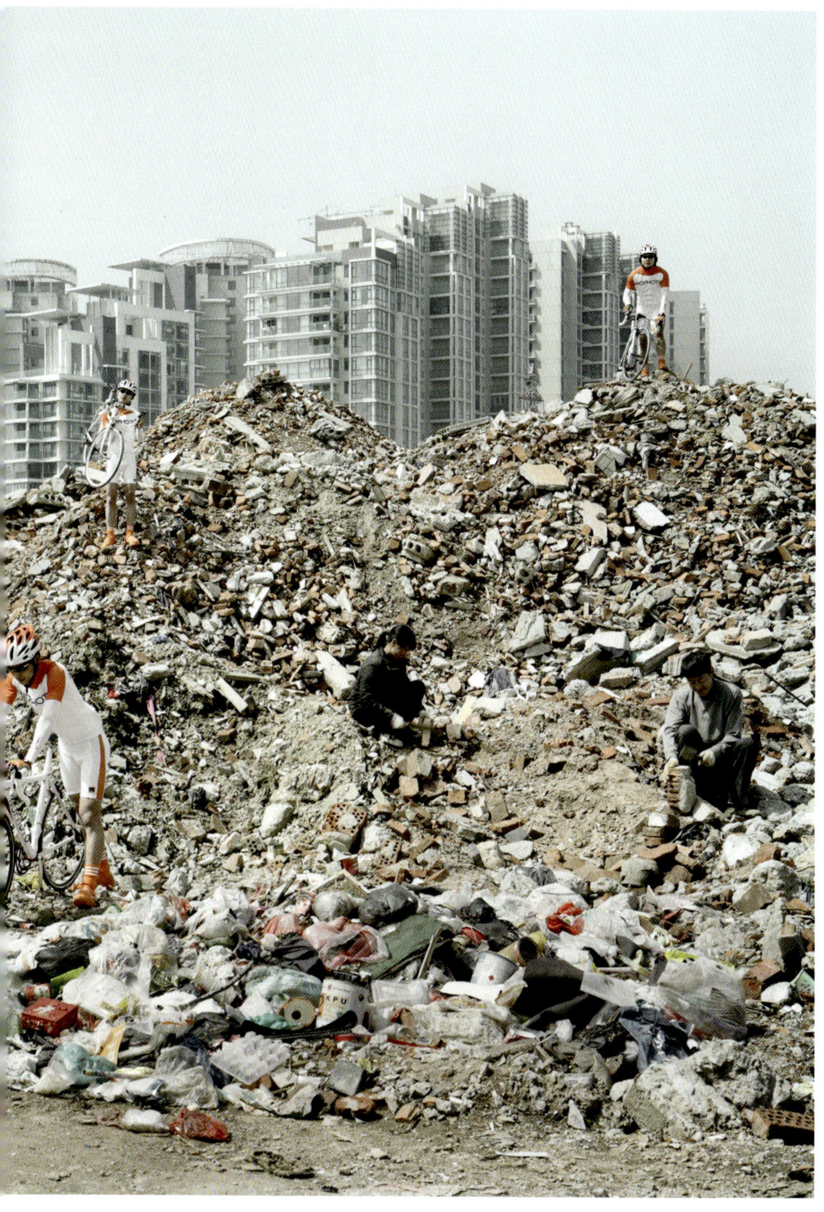

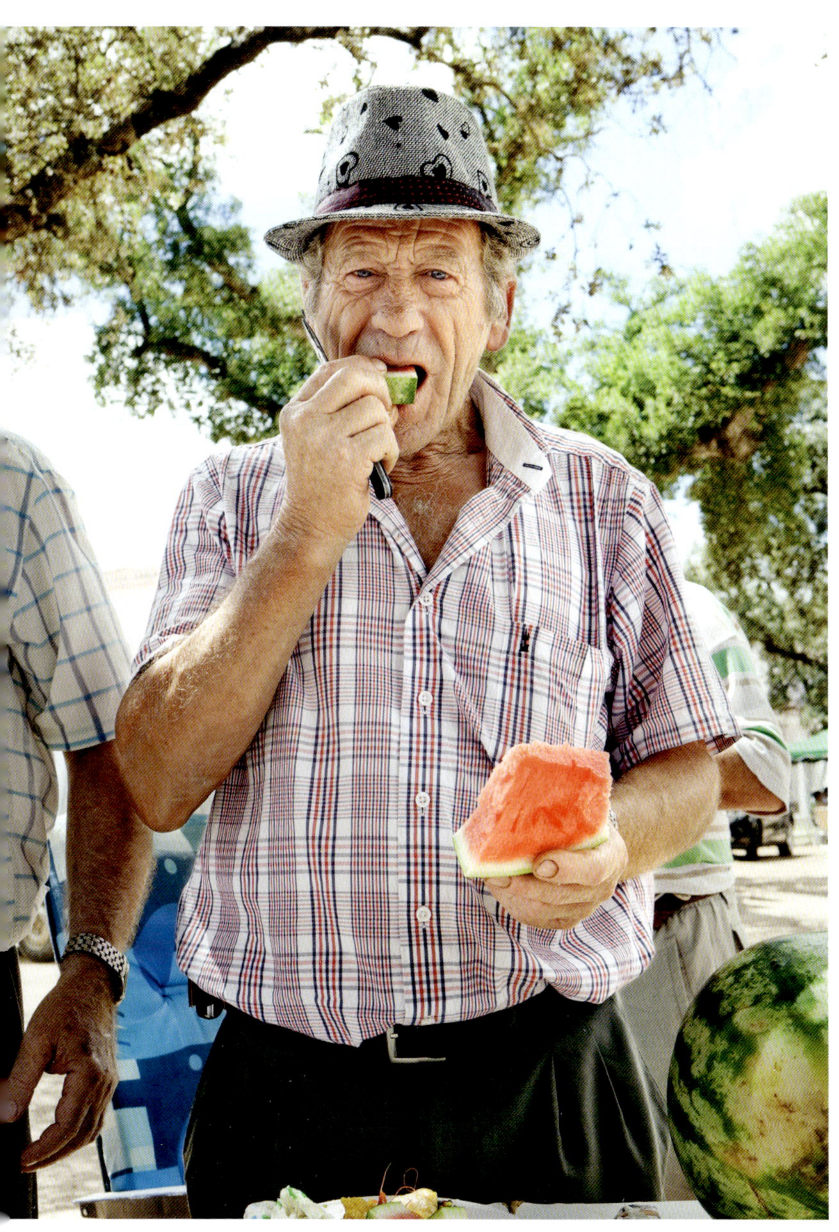

23. Vegaviana memoria colonizada. NOPHOTO, 2011

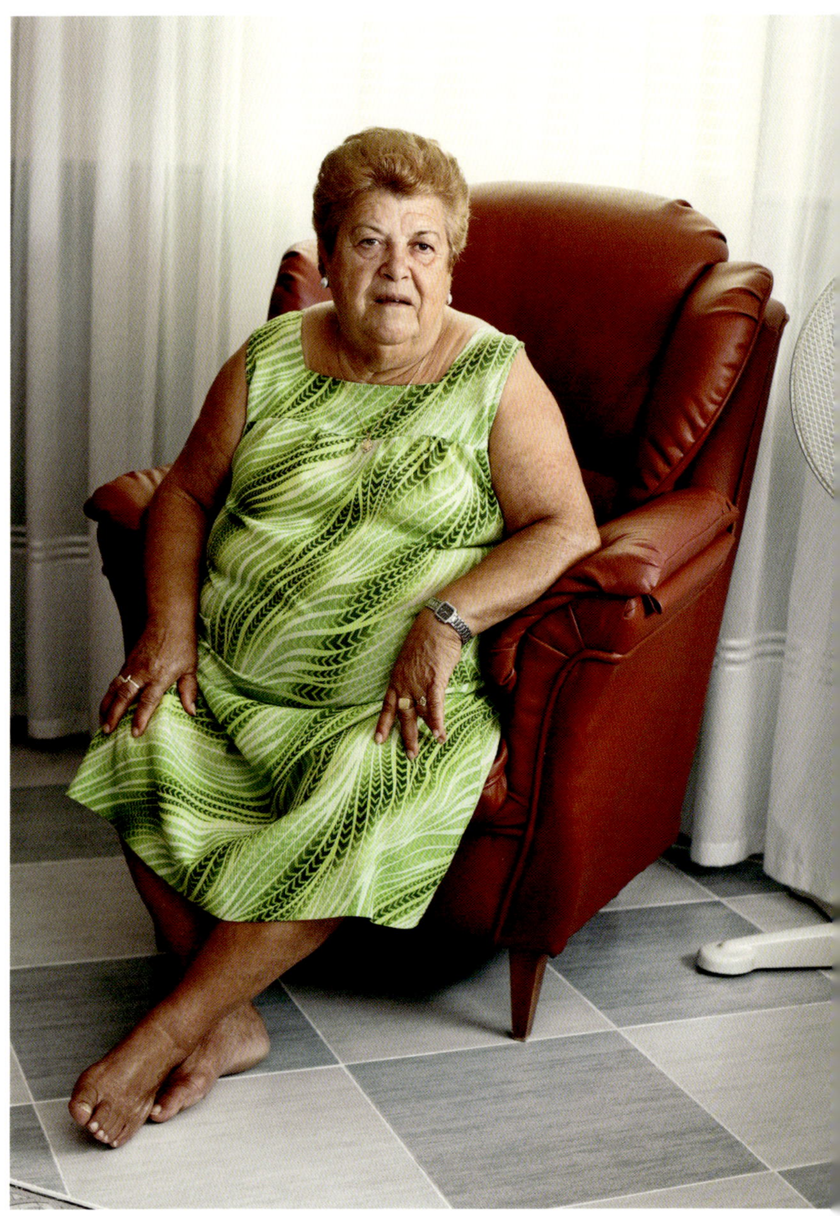

24. Vegaviana memoria colonizada. NOPHOTO, 2011

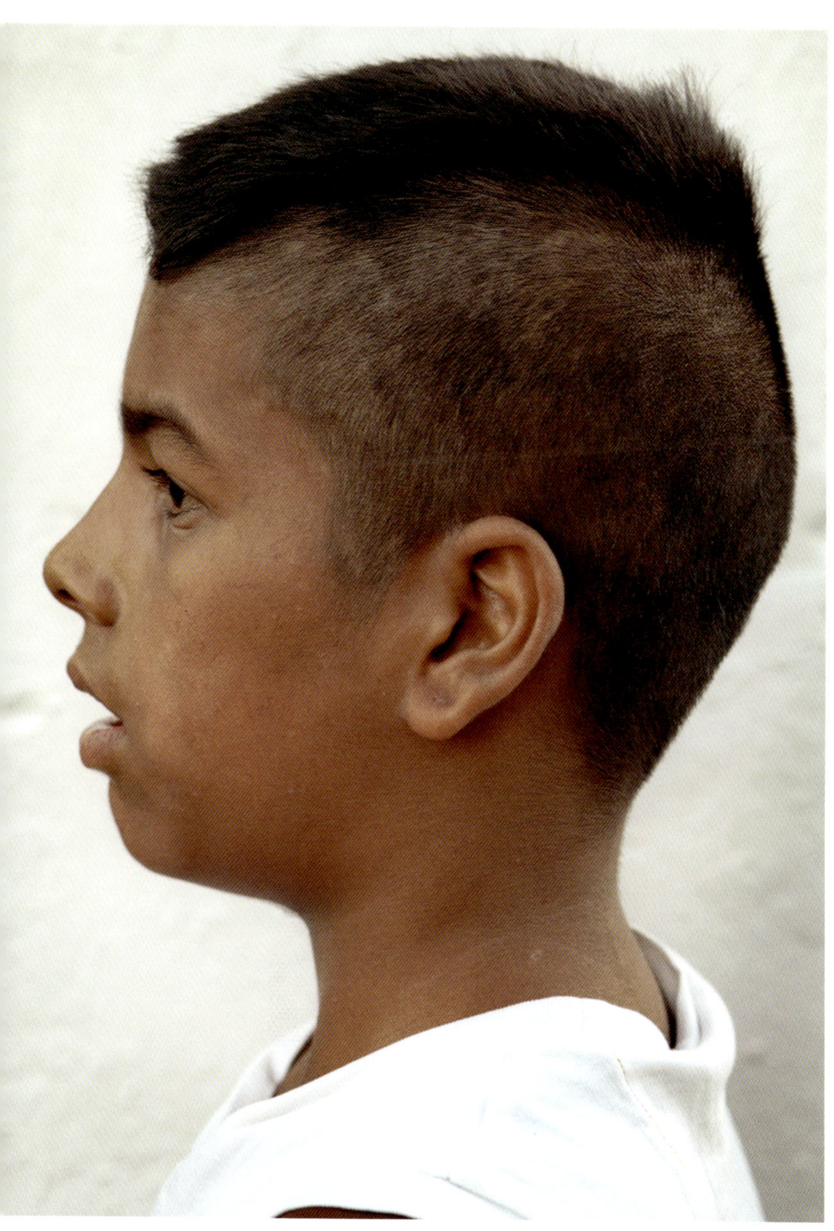

5. Vegaviana memoria colonizada. NOPHOTO, 2011

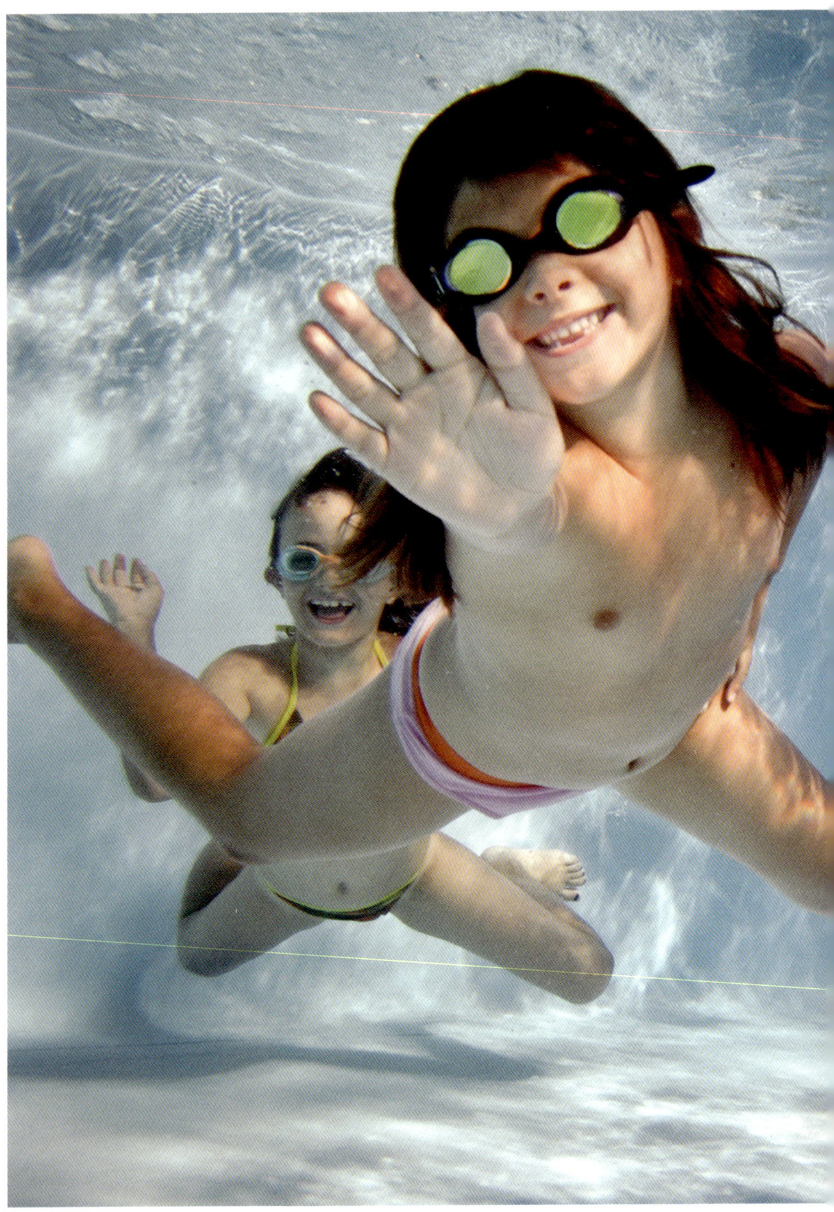

26. Vegaviana memoria colonizada. NOPHOTO, 2011

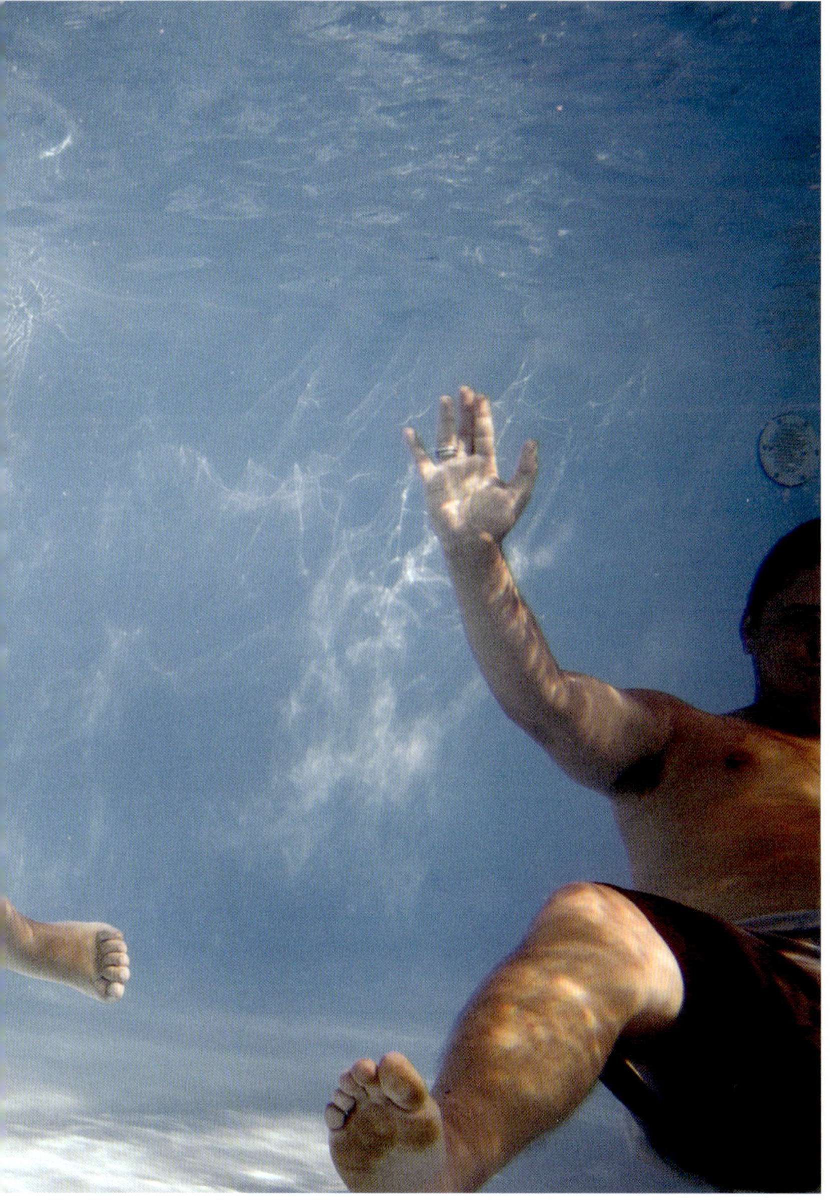

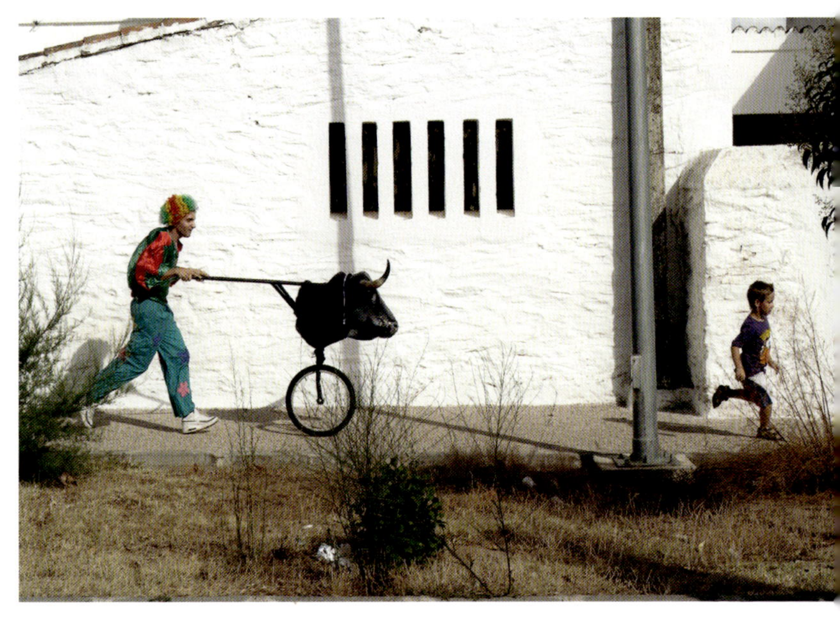

27. Vegaviana memoria colonizada. NOPHOTO, 2011

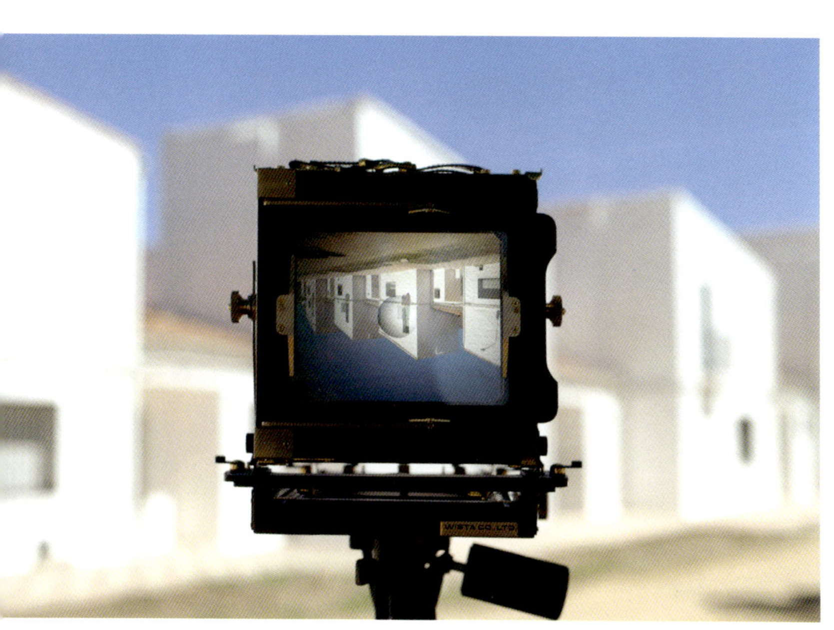

8. Vegaviana memoria colonizada. NOPHOTO, 2011

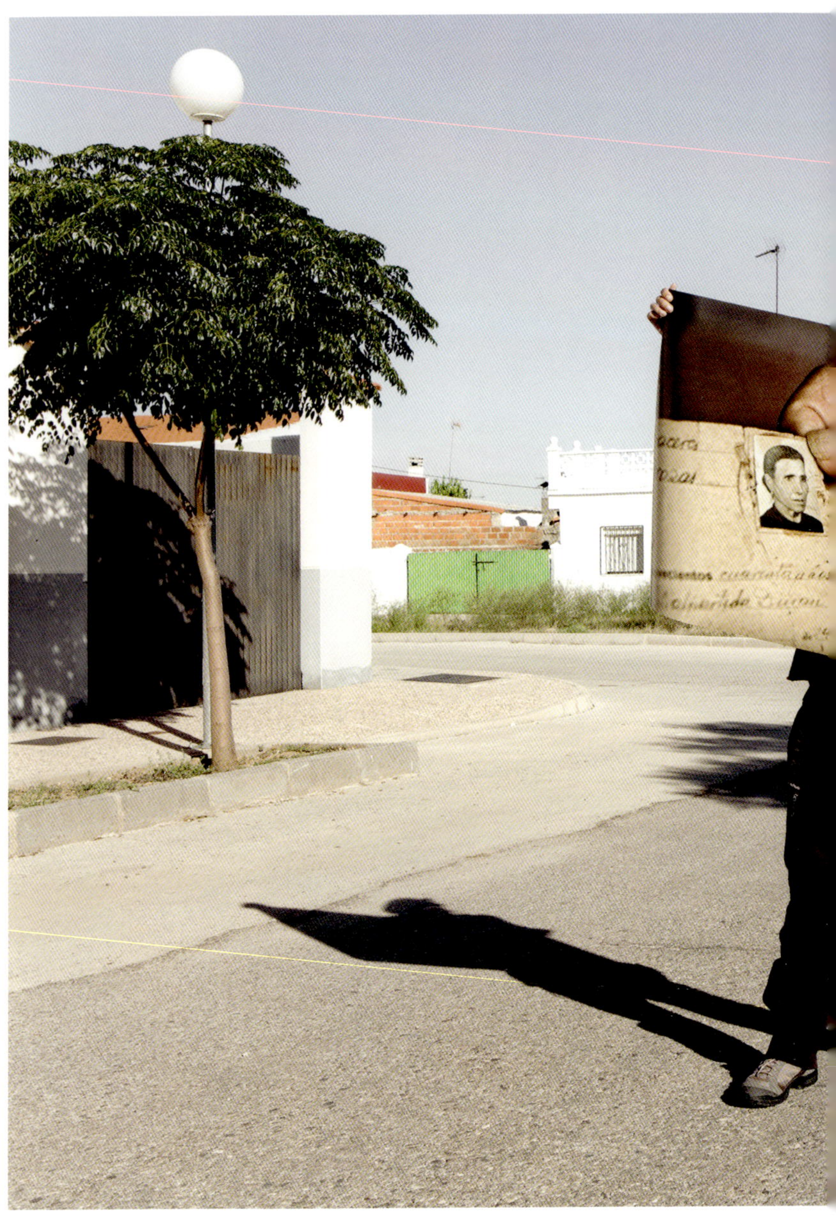

29. Exposición de Vegaviana memoria colonizada. NOPHOTO, 2011

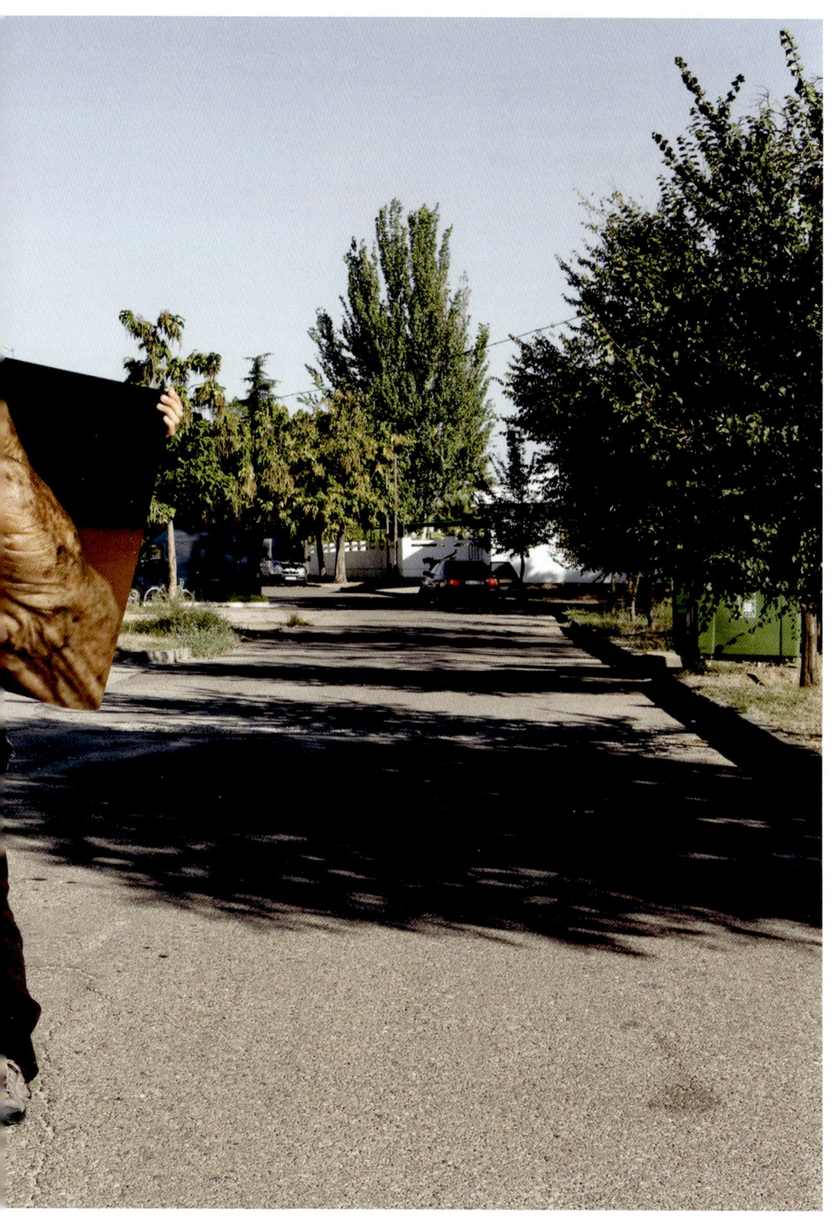

PLAN B

Reinvéntate, recíclate, emprende. Precisamente ahora es el momento. Arriésgate. Sé creativ
Los medios de comunicación lo recomiendan. Saca partido a tu crisis, ten un plan B, sé otr
Lo mismo da los años que lleves estudiando Arquitectura, que seas licenciado en Historia del Ar
o doctorado en Matemáticas. Eso no importa. Lo relevante es lo otro, aquello en lo que no te ha
formado, lo que no querías ser. Yo ya lo tengo, me refiero a lo que no quería ser, al plan B. N
quería ser empresario, así que voy a lanzarme con mi propia empresa: fabricaré banderas de E
paña. Si usted es despierto como lo soy yo, habrá detectado que de un tiempo a esta parte est
por todos lados. Vamos, que hay mercado. Como además de despierto también soy un visionari
las voy a confeccionar en formato colosal, como las de la fotografía. Le aseguro que esta tal
de bandera será tendencia en pocas semanas, me las quitarán de las manos. Ahora en serio…
retórica del visionario con ideas, que se la vendan a otro. Por favor, no me den más la paliza con
recíclate. Que sean creativos y tengan ideas los gobiernos, que se reinvente el sector financier
que los especuladores se conviertan en otros -y cuanto más otros sean éstos últimos, mejor. Y
estaba haciendo las cosas razonablemente bien. Mi trabajo me ha costado.

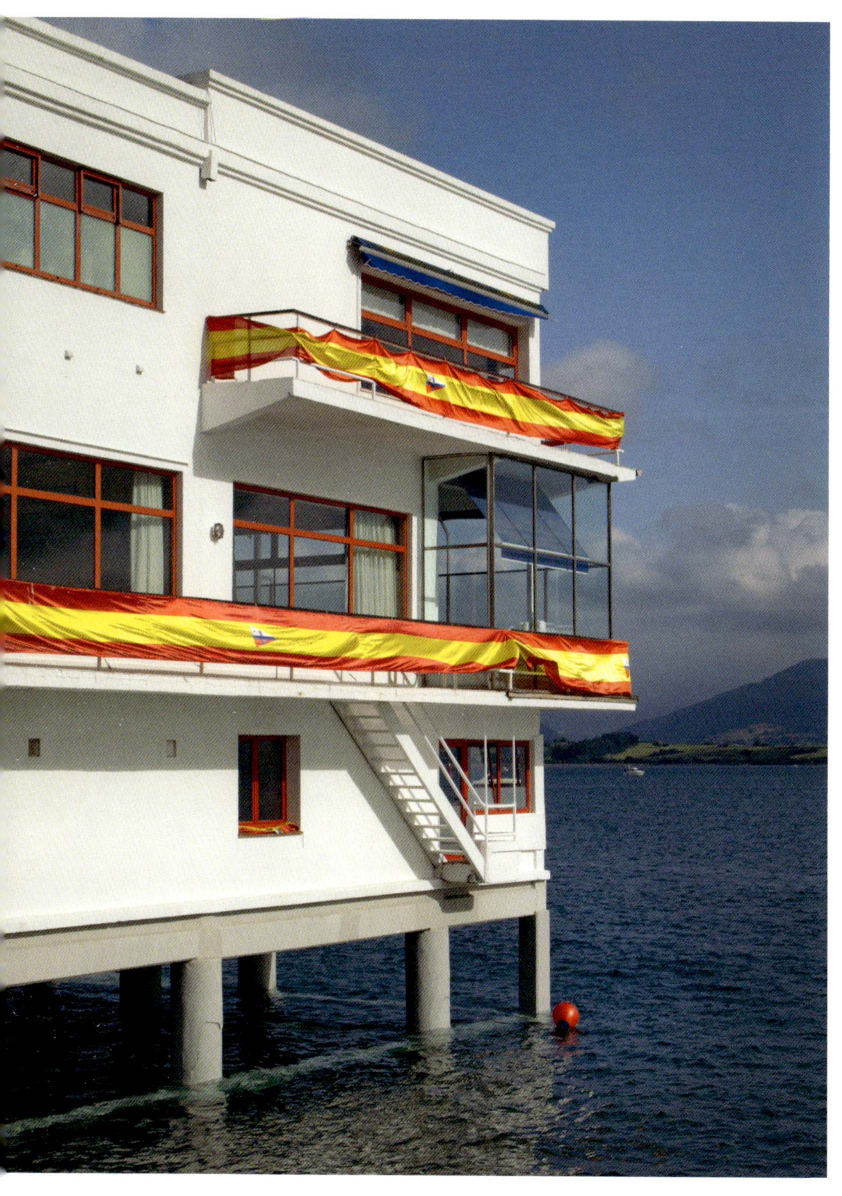

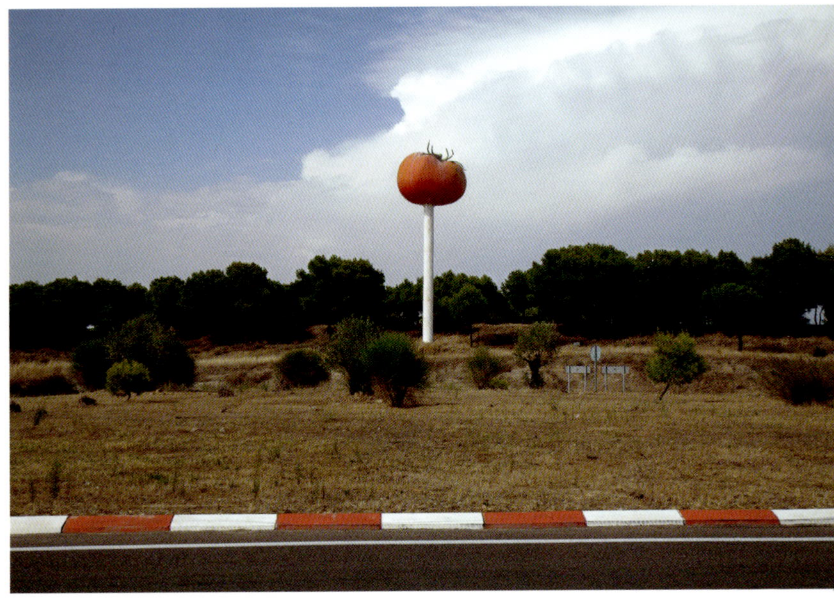

TOMATAZO

Veintinueve de agosto, cincuenta mil participantes, ciento veinte toneladas de tomates, cinco camiones, cuatro mil japoneses, mil australianos, trescientos mil euros. Cifras y más cifras para una desmesura de tomate en Buñol. No tengo cifras sobre el tomatazo que corona la rotonda, esos lugares habituales de la desmesura escultórica en estos tiempos. Lo que parece seguro es que necesitamos una catarsis, aunque sea ésta la del tomatazo.

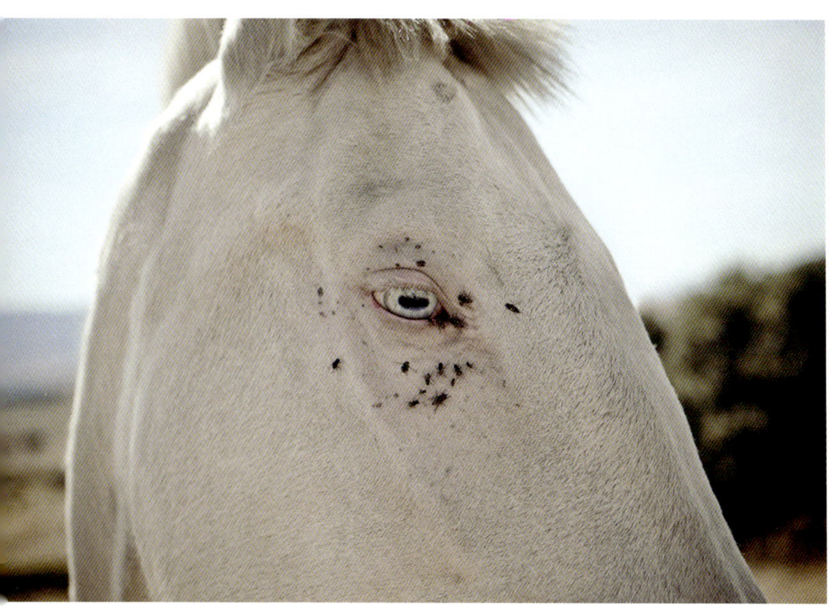

CABALLO BLANCO

Hoy he visto uno de pelaje blanco y con los ojos azules. No tenía ni idea de que existieran caballos con los ojos claros. Esto me pasa por ser más de ciudad que las farolas.

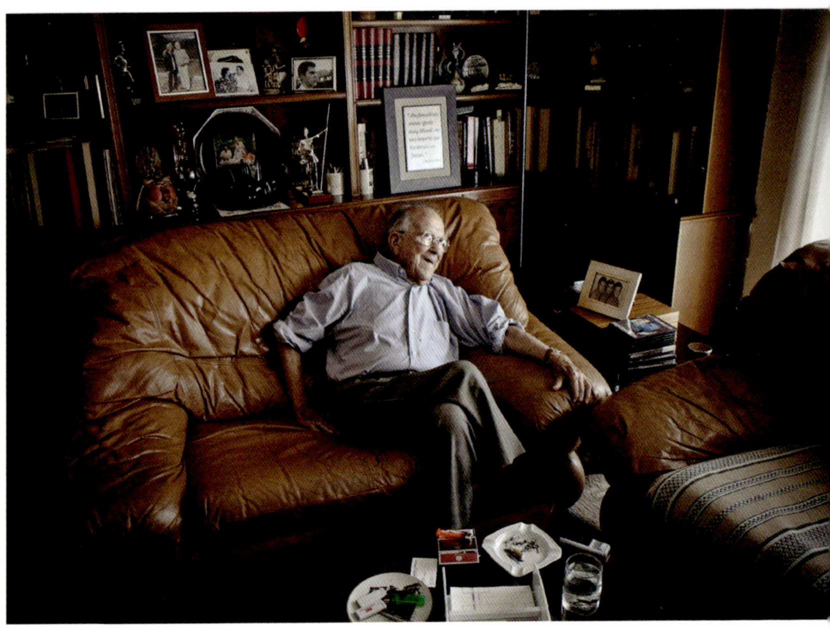

CARRILLO

Al final de la entrevista no le pude decir todo lo que me alegraba de haberlo conocido. Tuve
que salir a toda prisa porque tenía el coche en zona azul. (Foto realizada para una entrevista el
25/06/2010).

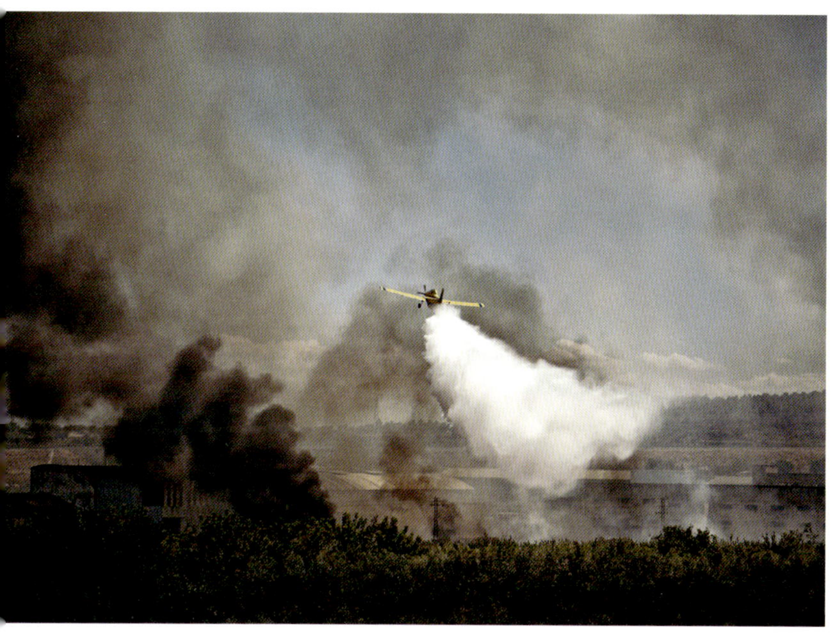

dos kilómetros de la casita donde veranea mi familia desde siempre se ha producido un incen-
io, todavía se desconocen las causas. Afortunadamente se han quemado muy pocas hectáreas
 no ha habido que lamentar daños personales. Hoy he vivido en primera persona la tragedia de
odos los veranos.

4. El último verano. Eduardo Nave, 2012

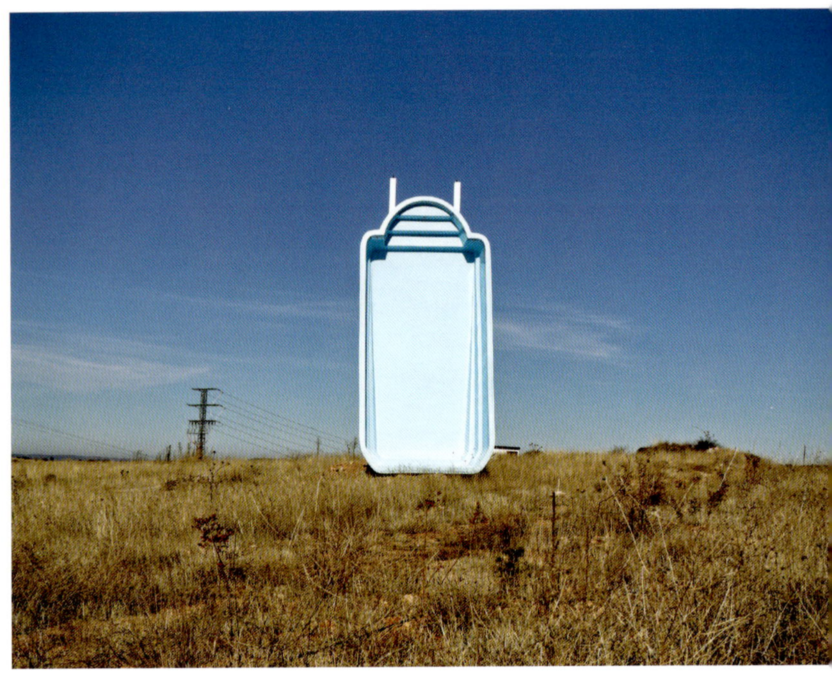

TÓTEM

Un tótem es un objeto, ser o animal sobrenatural que en las mitologías de algunas cultura
se toma como emblema de la tribu o del individuo e incluye una gran diversidad de atributos
significados.

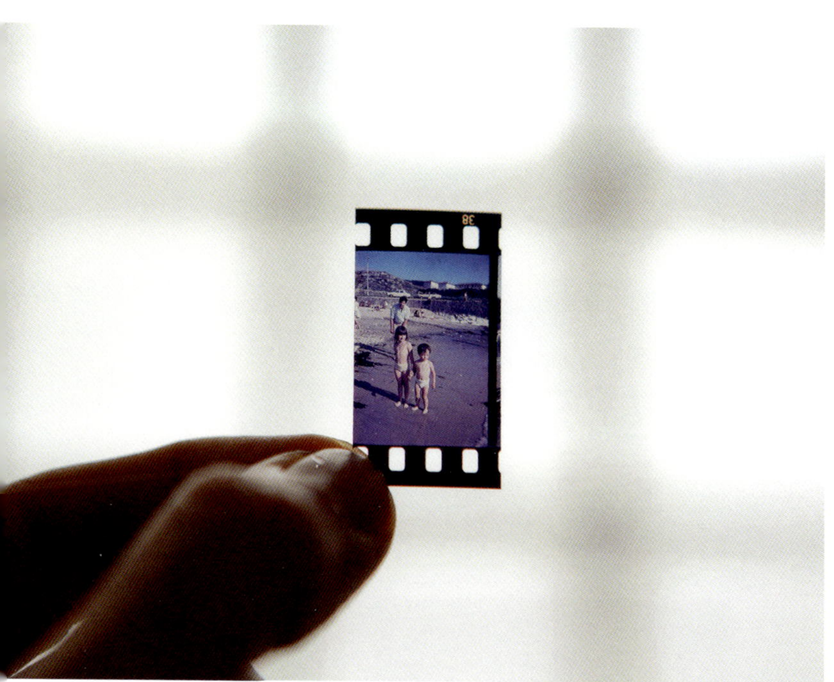

A PLAYA

Hace tanto tiempo que yo ni tan siquiera había nacido. Pero imagino que para mis hermanos
os veranos también serían eternos y en los que sólo había un lugar posible: la playa. El verano
mpezaba el día que nos montábamos en el Seat 131 camino de Alicante y terminaba al volver
 Madrid unos dos meses más tarde. Lo que había antes y después no pertenecía al verano, no
ra nada que se pueda recordar. En la playa había todo lo necesario para ser feliz: libertad casi
bsoluta de horarios, bocadillos de atún para cenar en vez de la verdura de siempre, un montón
e primos a los que no veías en todo el año y hasta alguna que otra novia. Lo malo de este pa-
aíso veraniego es que convertía el resto del año en un tedioso paréntesis que estabas obligado
 pasar mientras llegaba lo bueno.

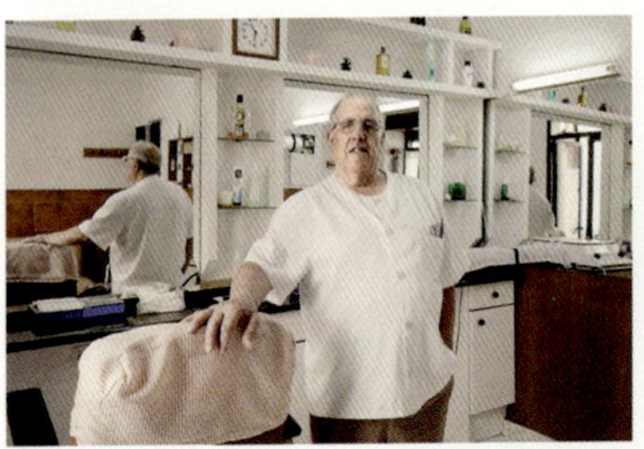

ESTE AÑO NO. A. SUPERHÉROE DE BARRIO

JONÁS BEL Madrid.

A. lleva 50 años cortando el pelo en mi barrio y, desde hace 30, a mí, una vez en invierno y otra en verano. Uno de los primeros recuerdos nítidos que tengo es estar subido en una balda de madera que colocaba entre los brazos del sillón mientras me tranquilizaba ante mi temor a las tijeras. A. es buena gente, todos en el barrio le saludan respetuosamente y siempre está trabajando rodeado de amigos que le acompañan constantemente. En esta última visita le pregunté si se iba de vacaciones y me respondió simplemente que no, que este año no cerraba. Se hizo uno de esos largos silencios, extraños e incómodos, que tanto se producen en esta última época. Sin embargo, al poco continuamos charlando amigablemente. A. siempre está al pie del cañón, un año más, pase lo que pase, hasta que el cuerpo aguante.

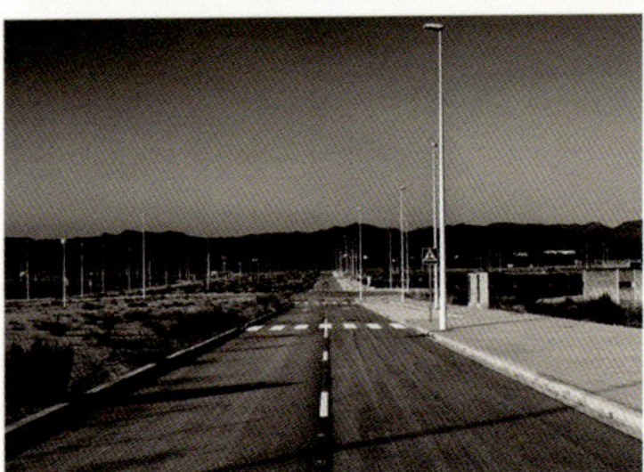

WHERE THE STREETS HAVE NO NAME

EDUARDO NAVE Llíria.

Es el título de una de las canciones compuestas por la banda irlandesa U2, pero en este caso no hablaremos ni de música, ni de Irlanda, ni de las inmejorables instantáneas que realizó Anton Corbijn para el mejor álbum del grupo. Hablamos de una práctica muy común en nuestro país desde hace ya demasiados años, la especulación del terreno. Esperemos que algún día estas calles tengan nombre. Es curioso que seleccionando algunas estrofas de la canción, parece que Bono esté cantando sobre nuestra burbuja inmobiliaria y los que la provocaron:

I want to run
I want to hide
I want to break down the walls the hold me inside
Where the streets have no name
I see the dust cloud disappear without a trace
I want to take shelter from poison rain
Where the streets have no name
We're still building
Where the streets have no name
The city's aflood
We're beaten and blown by the wind
Trampled in dust
I'll show you a place
High on a desert plain
Where the streets have no name
We're still building
It's all I can do
Where the streets have no name.

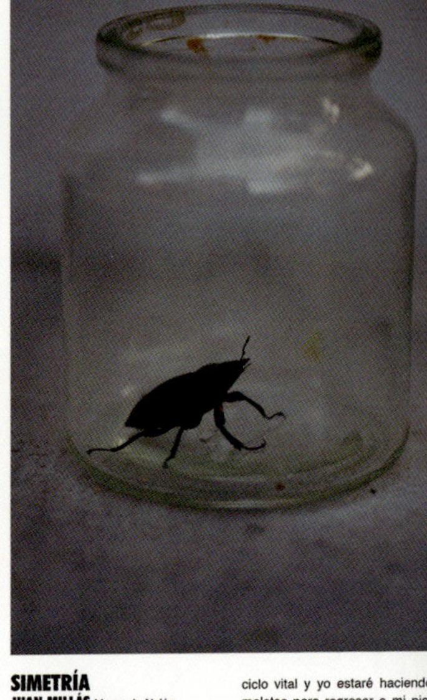

SIMETRÍA

JUAN MILLÁS Muros de Nalón.

En lo que llevo de verano he tropezado hasta tres veces con el mismo escarabajo. Sé que es el mismo porque son encuentros recurrentes que se repiten idénticos a una hora precisa en un lugar concreto. La especie -ciervo volante- se caracteriza por un dimorfismo sexual muy marcado, así que es incuestionable que el escarabajo con el que me cruzo es una hembra. He averiguado que pertenece a la familia de los lucánidos y que se le considera el de mayor tamaño de Europa. También que su vida, tras la metamorfosis, oscila entre quince días y un mes. Esto quiere decir que cuando la hembra de escarabajo y yo nos vimos por primera vez -el 3 de agosto, lo recuerdo como si fuera ayer- ella era una adolescente robusta; y que si pasados unos días nos volvemos a encontrar, ella será una anciana que habrá completado su ciclo vital y yo estaré haciendo maletas para regresar a mi piso Madrid. Como existe una relación simetría evidente entre el curso su vida y el transcurso de mis va ciones, he introducido al insecto un tarro de cristal para fotografía Una vez lo tuve aislado, desprenc de su entorno, me pasmó la ima de unicidad que proyectaba. Tien singularidad aquellos elem tos esencia que nos si para dimensio las cosas. Lo me lleva a f sar que el cie volador pu

> El insecto tiene la singularidad de aquellos elementos esenciales que nos sirven para dimensionar las cosas.

ser una forma substancial irred ble del verano: una *esencia*, si lo presamos en términos metafísic una *unidad estival*, si lo nombra desde el pensamiento matemá De cualquier manera, lo cierto que el escarabajo y yo hemos s rado el ecuador del enigma que cretamente estamos compartien Los dos somos cómplices del mi sueño: llámalo vida, llámalo vera

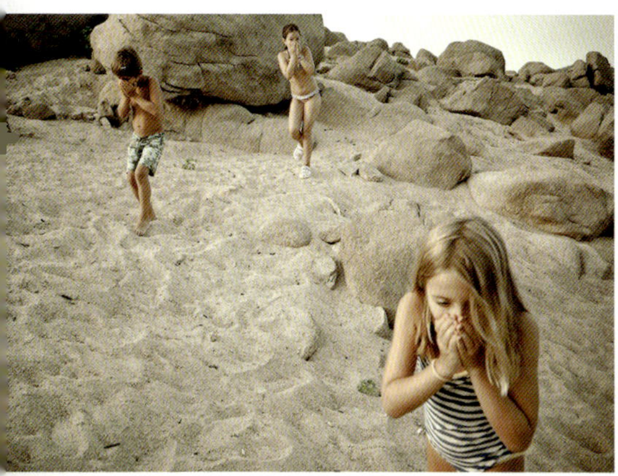

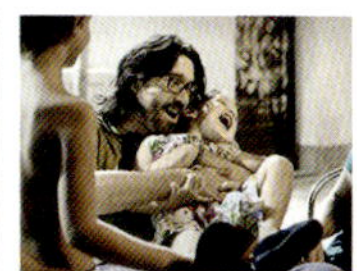

COSQUILLAS
JONÁS BEL Madrid.

Ayer, entre niños y adultos, nos juntamos 15 en una terraza desde por la tarde hasta la madrugada. Fue una noche llena de salpicaduras de agua y cosquillas. Esta es una de las mejores formas de pasar los días de agosto en Madrid. Me recordó a cuando yo era pequeño.

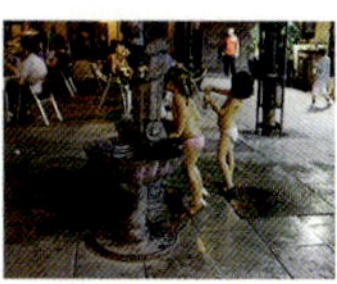

EMPAPADOS
JUAN SANTOS Madrid.

Los veranos de mi infancia, esos veranos eternos, los pasábamos en el pueblo de mis padres. Nuestra casa, la de mis abuelos a los que no conocí, estaba en una plazuela con una fuente de caño en el medio. Allí iban las señoras a por agua para lavar y fregar. El agua para beber había que ir a buscarla algo más lejos, al pozo encalado, que sabía mejor. Aunque a nosotros no nos importaba beber del caño de la fuente. Y mojarnos. Sobre todo mojarnos. Aún cuando nos bastaba dar unos pasos para llegar a casa y beber del botijo o de la tinaja, con una taza de metal esmaltado desportillada. El progreso, en forma de farola y jardincito alrededor, desplazó la fuente a un costado de la plaza. Para entonces prácticamente todas las casas tenían agua corriente y al caño de la fuente sólo iban los niños a beber y a seguir empapándose, para disgusto de sus padres. En Madrid han desaparecido, o dejado de funcionar, una gran cantidad de fuentes. Aquí el grifo de casa, las tinajas y botijos son historia, no está tan cerca para saciar la sed y hay que recurrir a un bar o la compra de agua mineral. Tampoco es habitual ver a los niños jugando a mojarse en una fuente, ni a sus padres disfrutando de un espectáculo que les trasporta su infancia al menos por unos preciados momentos.

URIOSITY
CO GÓMEZ Embalse del Burguillo.

ando el 6 de Agosto de este año la ve de exploración *Curiosity* aterrizó re la superficie marciana, yo lo vi ro. Estaba seguro de que la NASA aba preparando una evacuación maa de humanos hacia el Planeta Rojo. s primeras imágenes que se recibie- desde la nave me recordaron a los sajes de mi infancia del Pantano del rguillo. En los veranos, yo jugaba entre las piedras incoloras de un territorio sin vida sumergido durante el invierno bajo las aguas del embalse. Mi abuelo vivía al otro lado del pantano y para verle teníamos que ir en una barca azul. Pasé muchos veranos allí aislado, sin electricidad ni agua corriente. Aquello era un territorio aislado donde se abonaron mis fantasías. En el pantano nunca se discutió la existencia de vida extraterrestre. Según nos contaban junto al fuego, muchas veces habían visto naves espaciales atravesar el valle a toda velocidad. Como yo quiero ir en la primera remesa de colonos que la NASA envíe a Marte, esta tarde he empezado la preparación física de mi familia para el ambiente hostil marciano. Les he hecho correr en bañador entre las piedras del pantano en condiciones de calor extremo y ausencia de oxígeno. No sé cómo solucionar el tema de la ingesta de líquidos, pero estoy seguro de que la NASA ha pensado en algo.

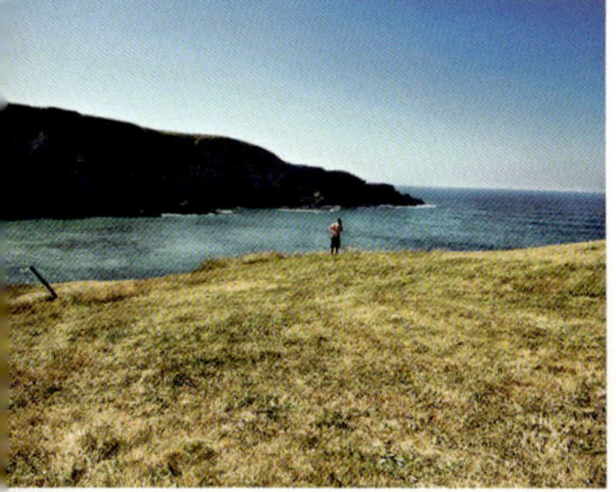

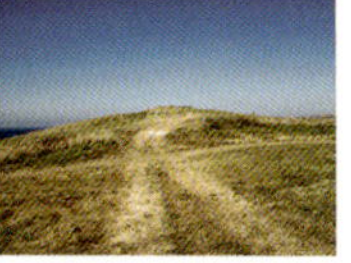

SÍ, DIGA?
RLOS LUJÁN Ajo.

h!, ¿tío qué tal todo? (...) ¿Estás cu- ndo? (...) Nosotros bien, de tranqui. mos venido a una playa muy chula lgo apartada (...) Si claro, para des- nectar un poco (...) ¿Perdona?, es e no te oigo. Espera que me muevo que no hay mucha cobertura (...) Tío, no te oigo nada, me muevo otra vez (...) ¡Que hemos venido a esta playa para desconectar un poco! (...) Tío, no te escucho bien. Me subo a la loma a ver si hay cobertura, espera... (...) ¿Me oyes ahora? Puta playa, no te oía nada, debo estar en el fin del mundo...»

...Y MIENTRAS TANTO...

Fuegos, prima de riesgo, protestas, recortes, rescate, Sanidad Pública, Elecciones Americanas, Siria, Julian Assange, Melilla, inmigrantes, desahucios, ETA... y mientras tanto, yo en la playa.

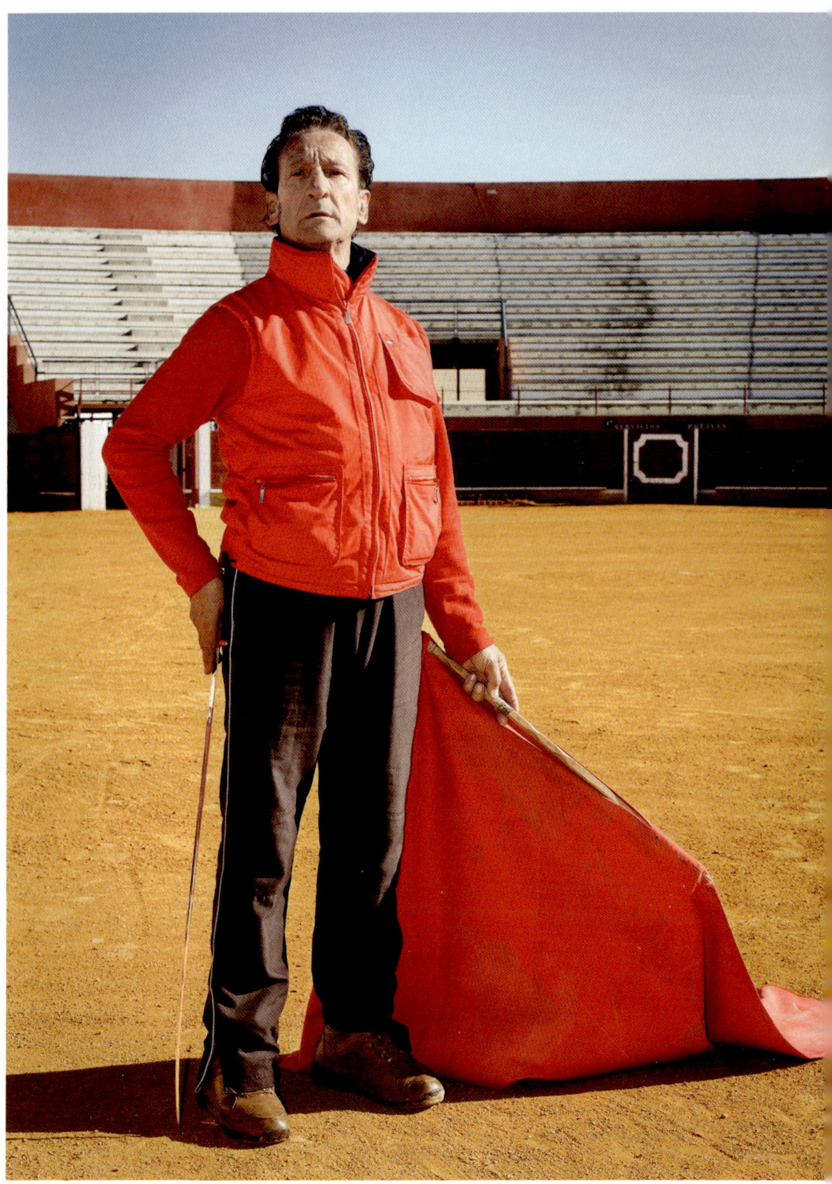

38. Proyecto 2013. Rafael Trapiello, 2013

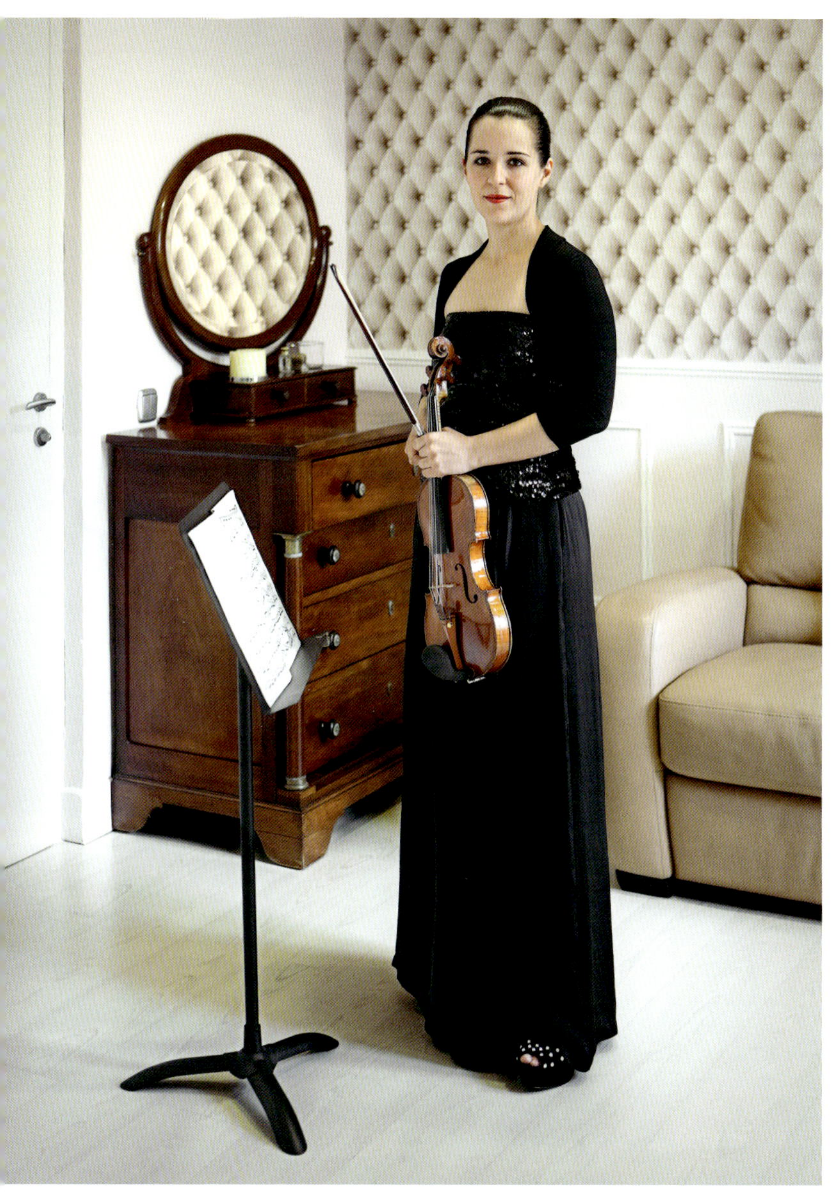

9. Proyecto 2013. Jonás Bel, 2013

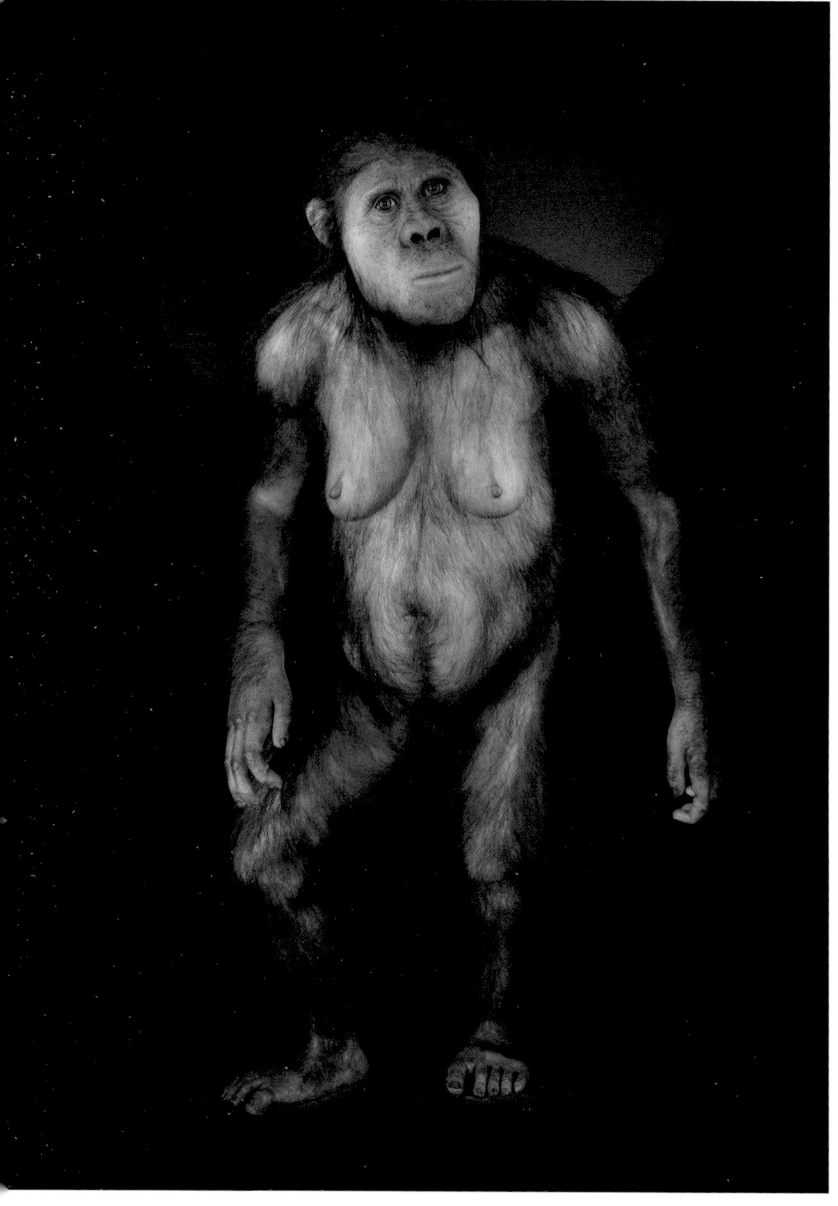

40. This is Spain. Juan Millás. Burgos, 2014

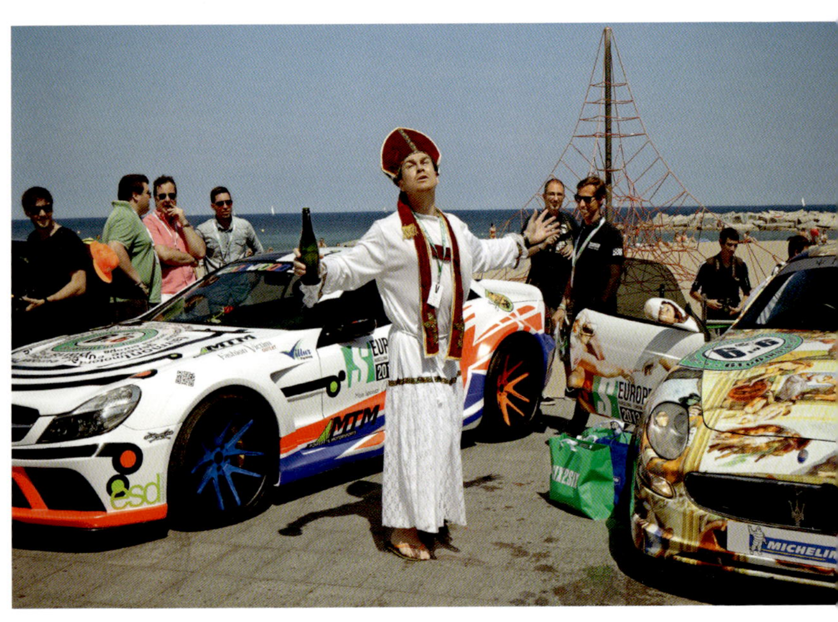

41. This is Spain. Jonás Bel. Barcelona, 2014

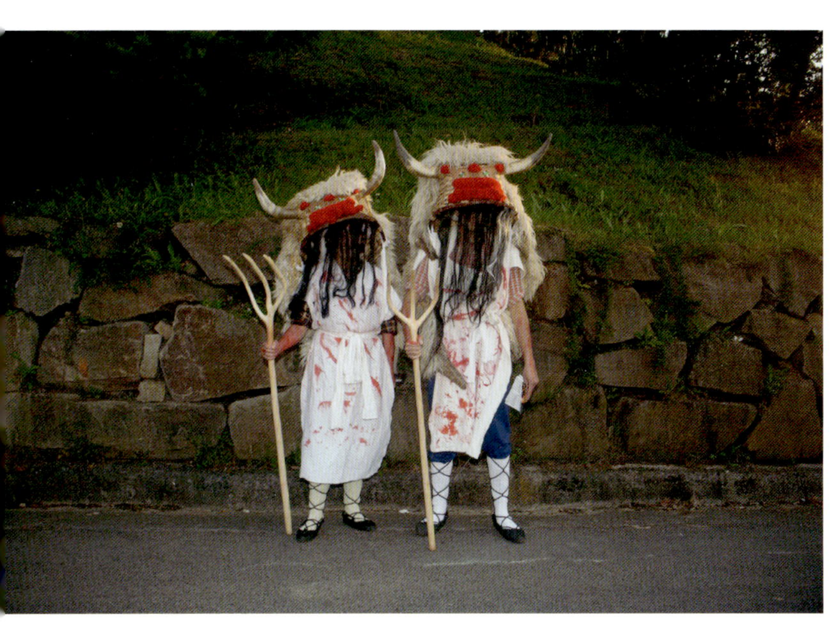

42. This is Spain. Eva Sala. Alsasua, Navarra, 2014

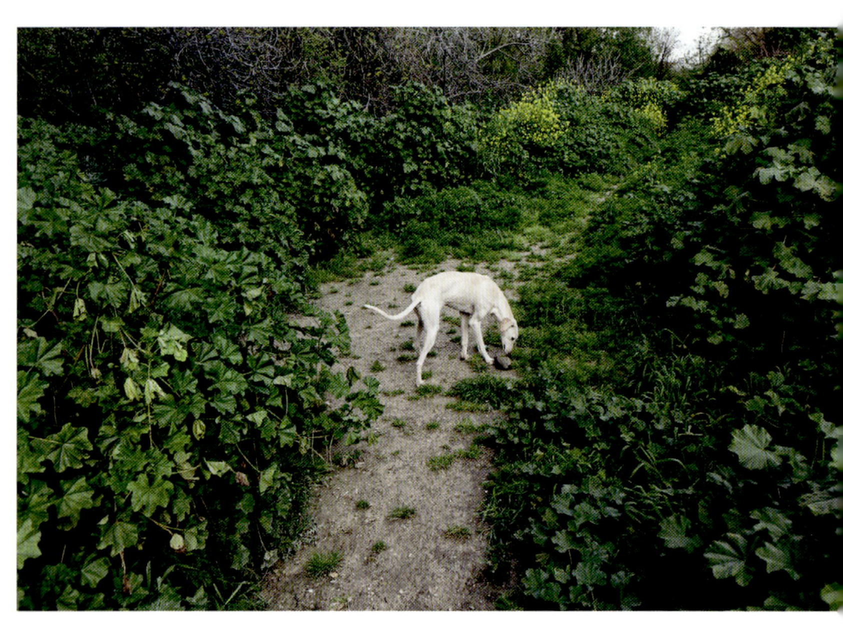

43. This is Spain. Carlos Luján. Baena, Jaén, 2014

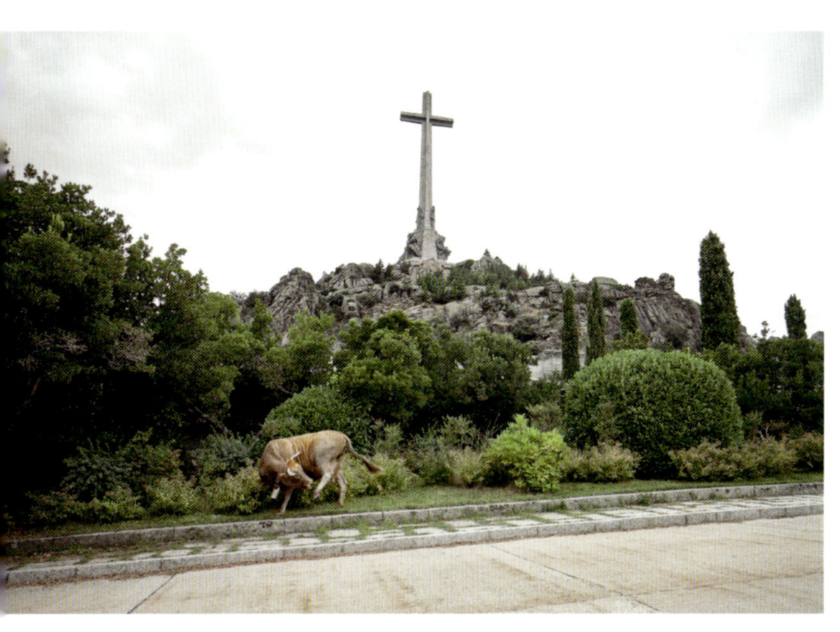

4. This is Spain. Juan Santos. Valle de los Caídos, Madrid, 2014

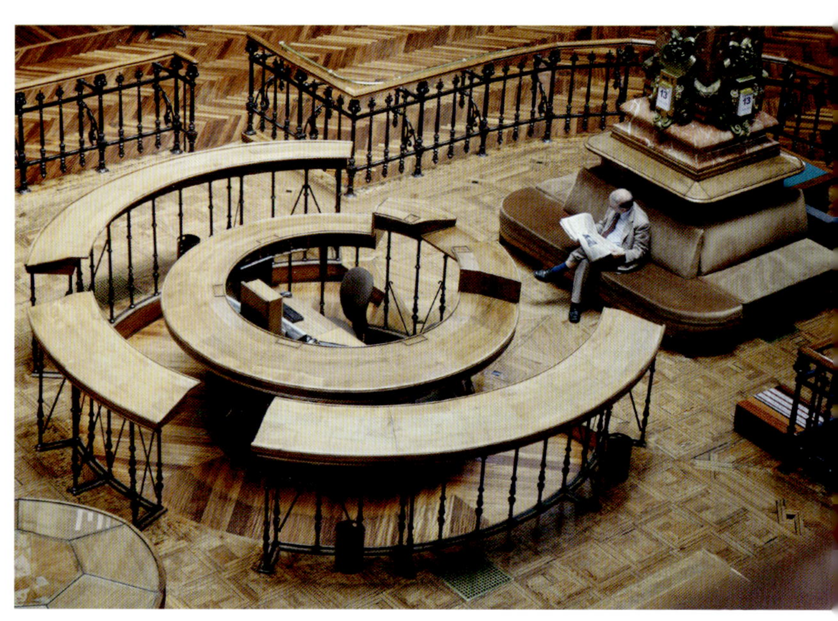

45. This is Spain. Juan Santos. Madrid, 2014

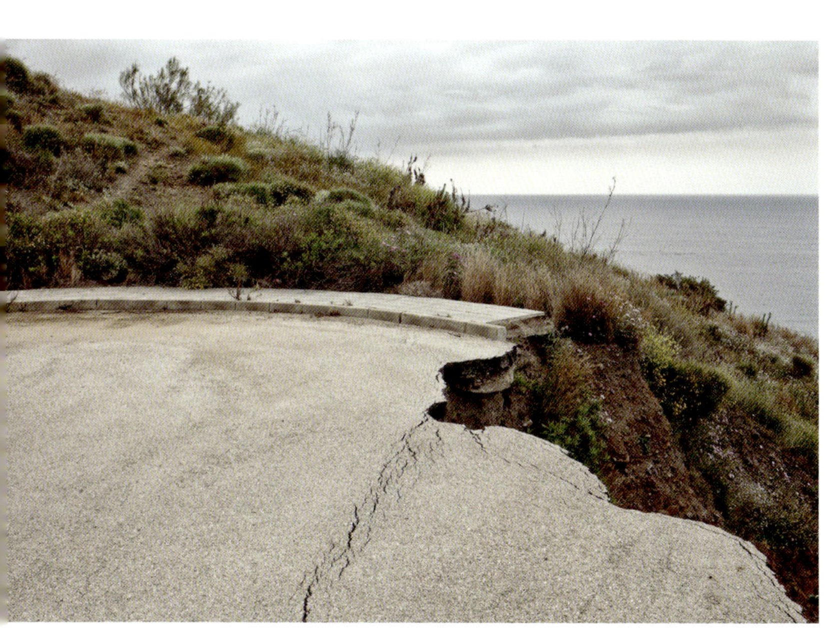

5. This is Spain. Eduardo Nave. Torrox Costa, Málaga, 2014

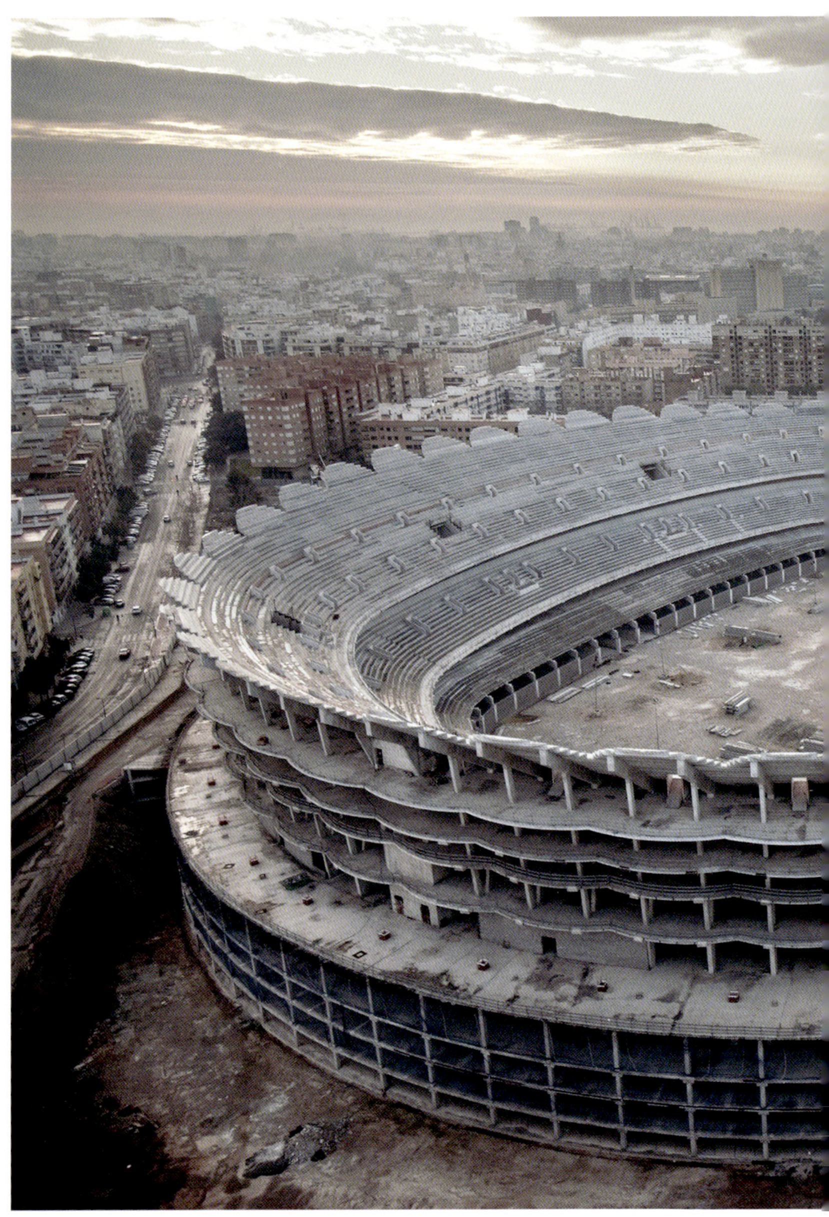

47. This is Spain. Paco Gómez. Valencia, 2014

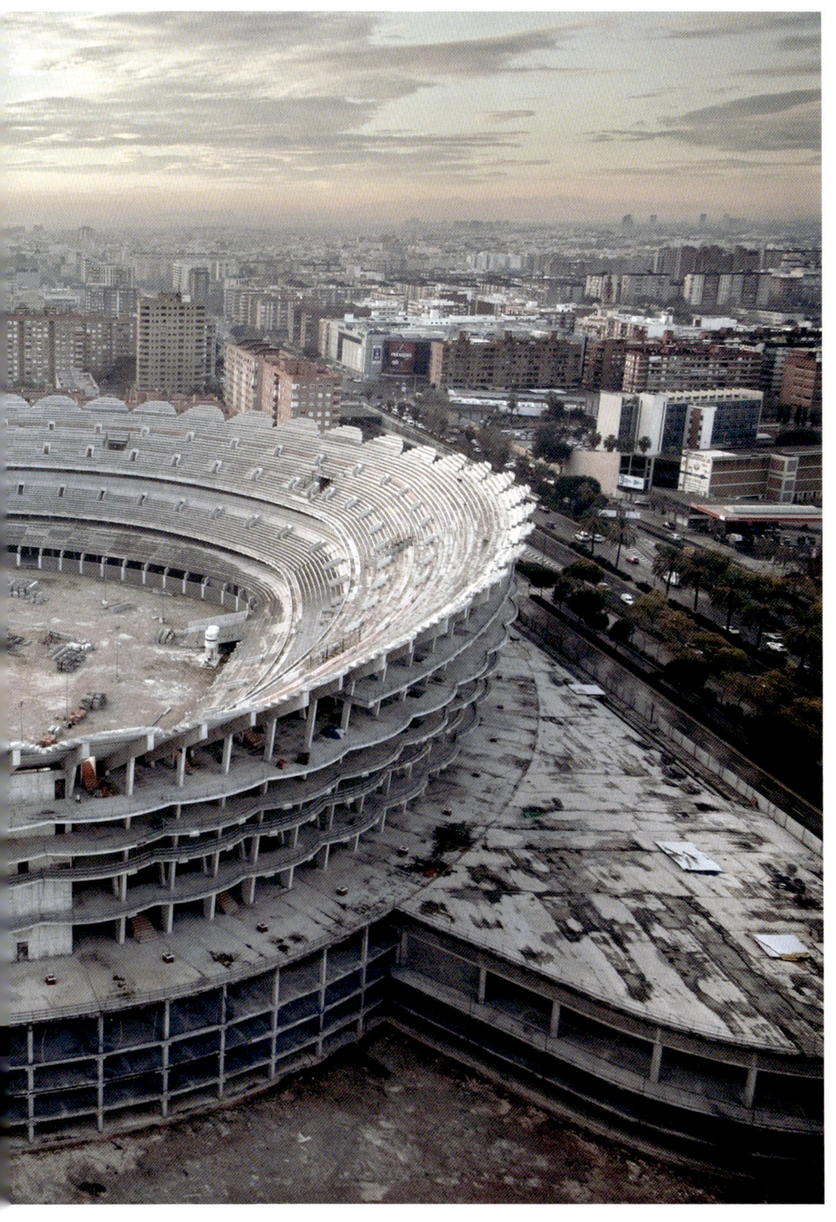

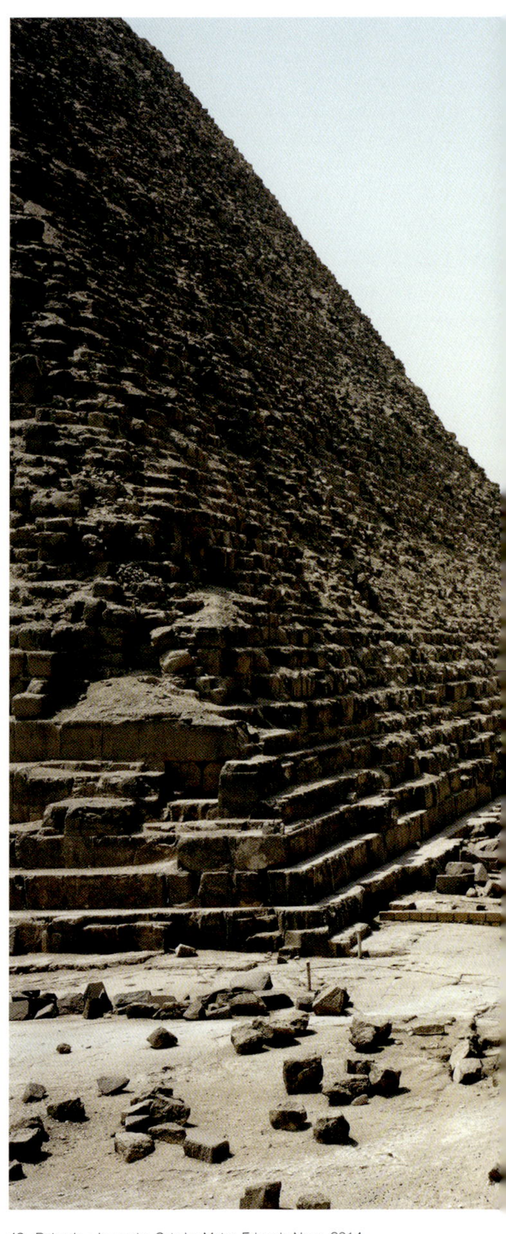

48. Retando a la suerte. Caja Lo Mejor. Eduardo Nave, 2014

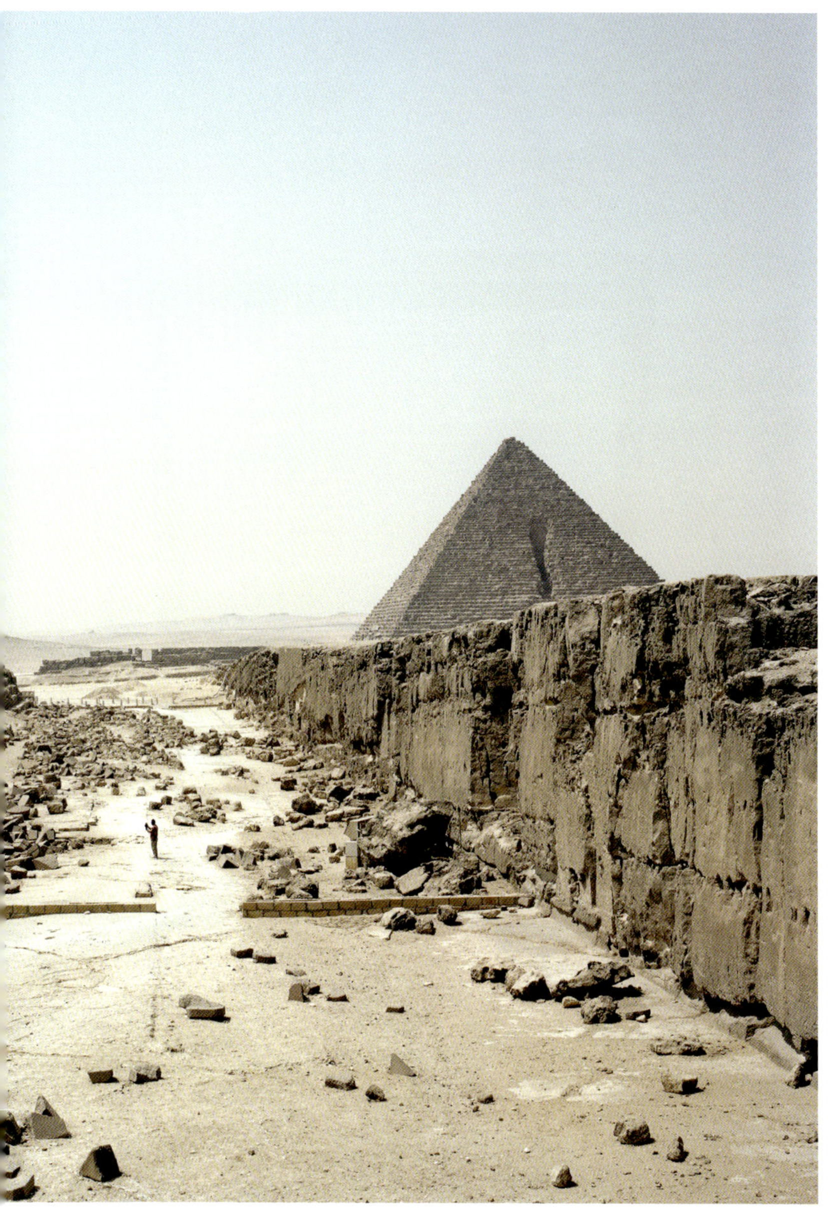

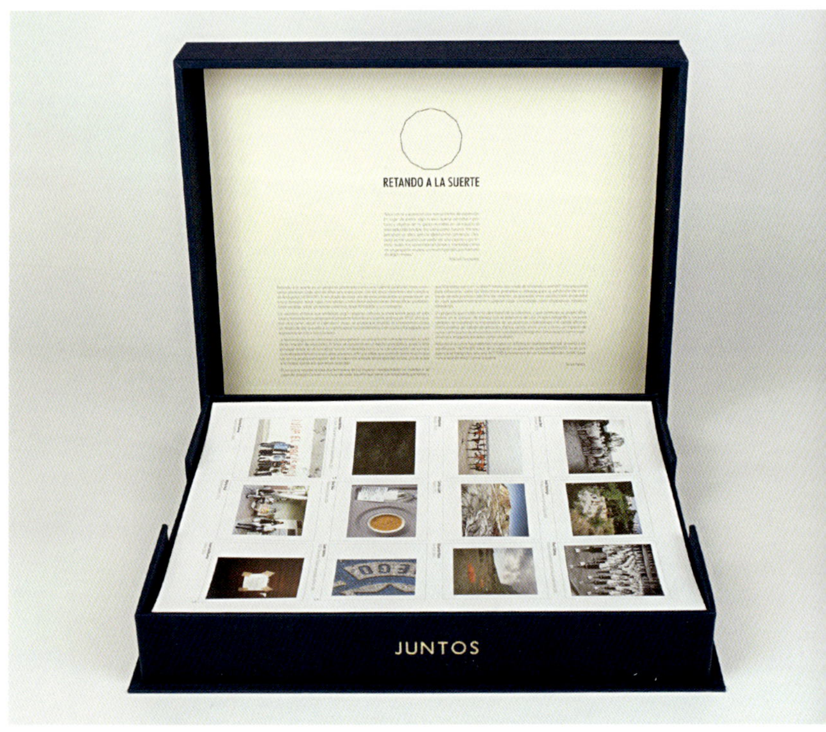

49. Retando a la suerte. Caja Juntos. NOPHOTO, 2014

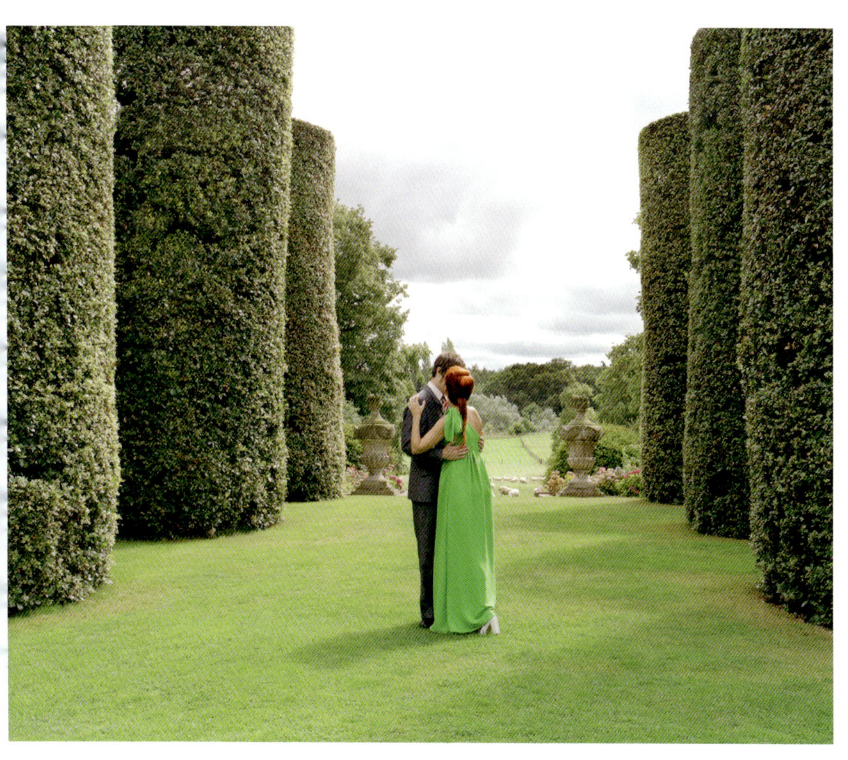

50. Retando a la suerte. Caja Placer. Marta Soul, 2014

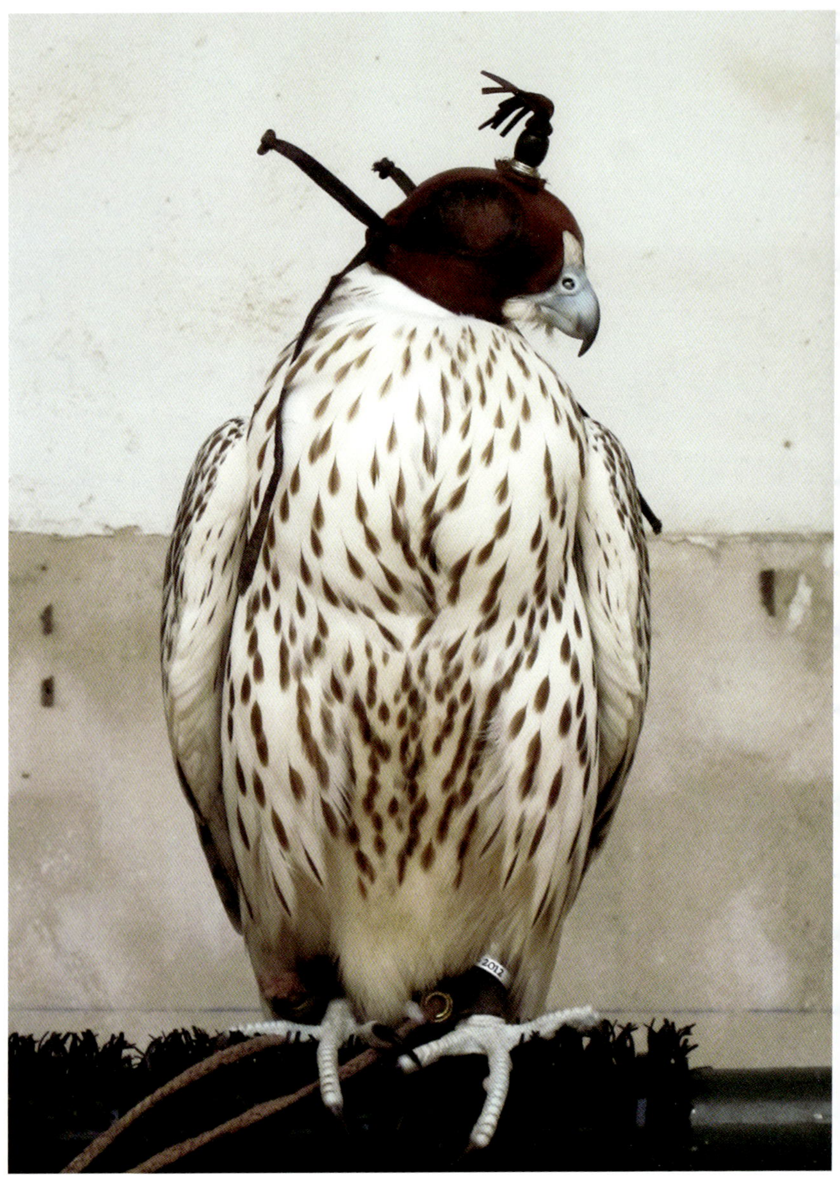

51. Retando a la suerte. Caja Lo Invisible. Carlos Sanva, 2014

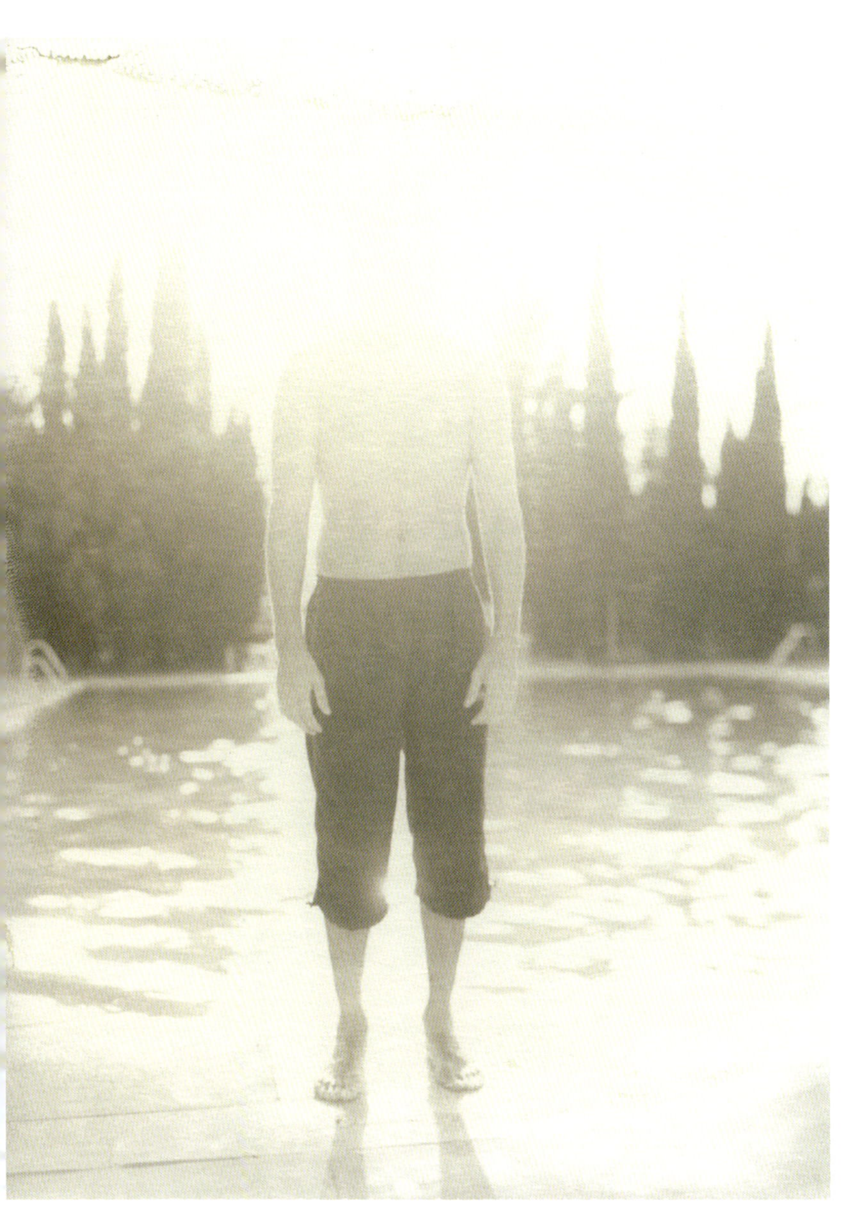

52. Retando a la suerte. Caja Lo Invisible. Iñaki Domingo, 2014

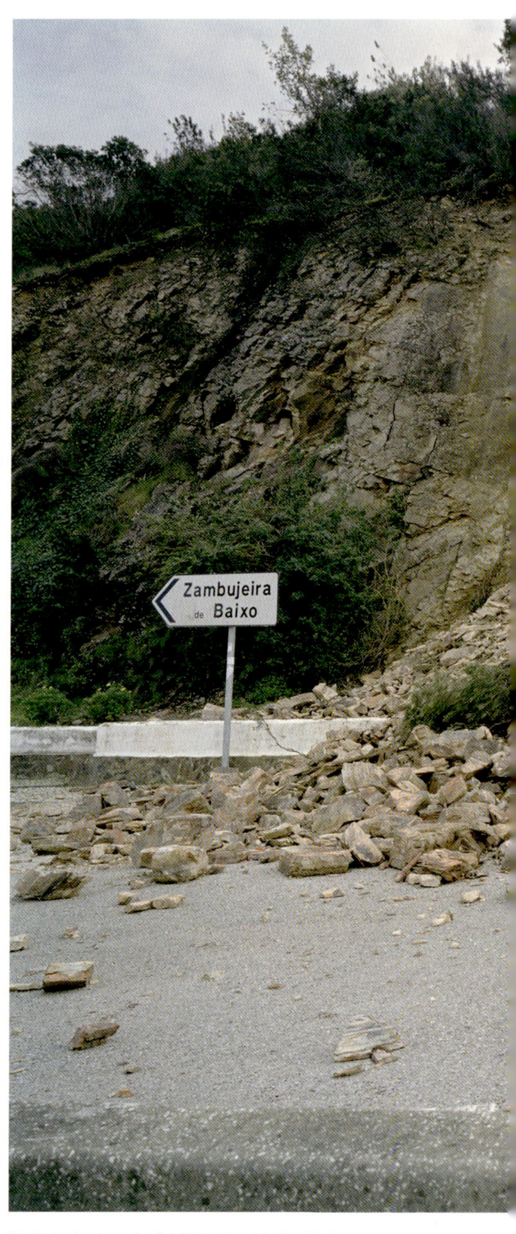

53. Retando a la suerte. Caja Félix. Nave & Millás, 2014

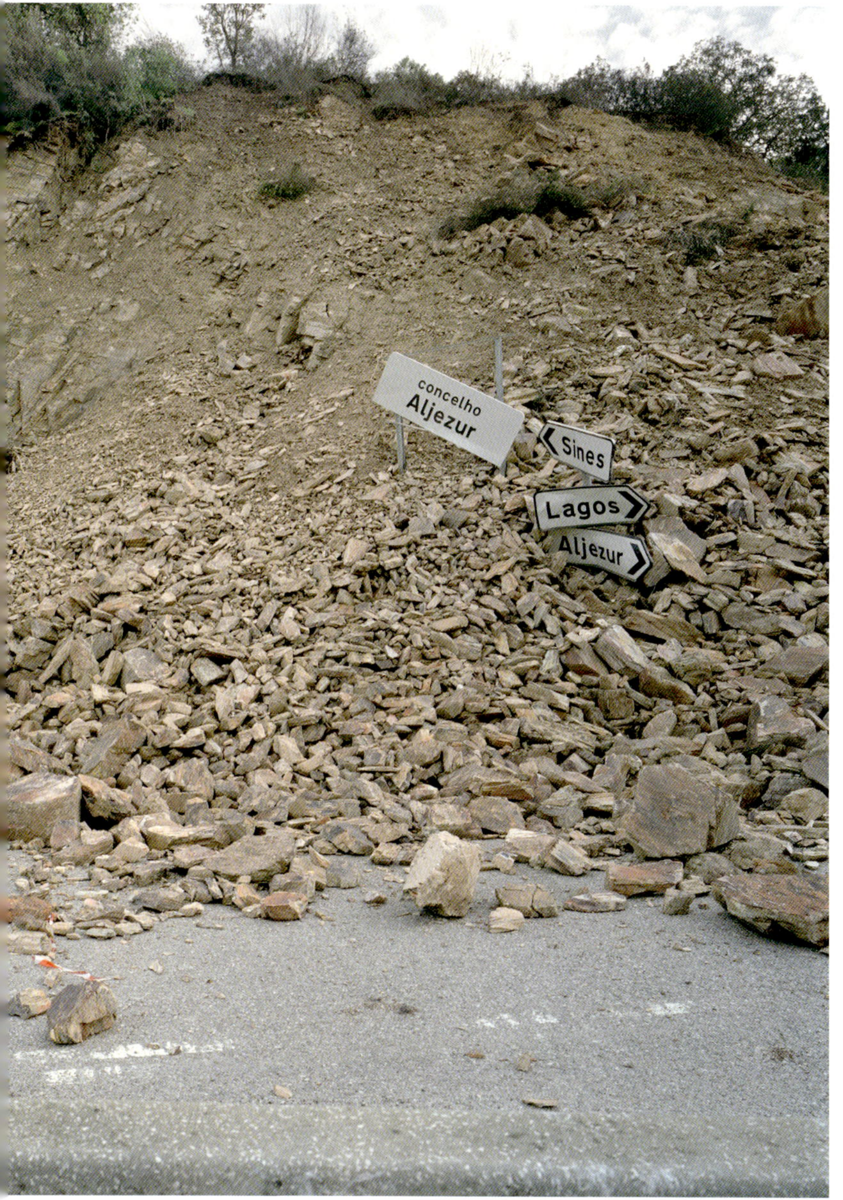

concelho
Aljezur
Sines
Lagos
Aljezur

Cronología

2005 Jonás Bel, Matías Costa, Iñaki Domingo, Paco Gómez,
      Jorquera, Carlos Luján, Juan Millás, Eduardo Nave,
      Tanit Plana, Eva Sala, Juan Santos, Carlos Sanva,
      Marta Soul y Juan Valbuena fundan NOPHOTO.
      El colectivo se presenta en PHotoEspaña con varias
      acciones que se desarrollan en un contenedor
      llamado NOCONTAINER, entre ellas la proyección de
      Cercanías, un proyecto de vídeo y foto documental
      sobre los atentados del 11M en Madrid.
2006 Realiza los primeros encargos colectivos de
      documentación: 25 Aniversario de Arco, La Noche de
      los Libros, La Noche en Blanco...
      Recibe el premio Fotógrafo Revelación de
      PHotoEspaña.
2007 Desarrolla su primer proyecto corporativo completo
      (desde la idea inicial hasta la exposición y la
      publicación) llamado *Muta Matadero*, sobre la historia
      visual del antiguo Matadero de Madrid y su entorno.
2008 Se diversifican las actividades, buscando el equilibrio
      entre los proyectos más creativos y los necesarios
      encargos para diferentes entidades públicas y privadas.
      Comienza la internacionalización, conectándose
      con otros colectivos iberoamericanos a través de la
      iniciativa Laberinto de Miradas y abriendo su oficina en
      China.
2009 Tanit Plana deja el colectivo.
      Articula el proyecto *Aquí y ahora*, a partir de trece
      proyectos individuales que documentan la España
      contemporánea.
      Funda NOPHOTOVOZ, el área participativa y social de
      NOPHOTO.
2010 Realiza proyectos corporativos y de imagen para
      marcas y clientes como Nokia, KPMG, FGV...
      Planifica y ejecuta el proyecto *Somos un equipo
      ciclista*, por encargo del Ministerio de Cultura en el
      ámbito de E.CO., un encuentro sobre ecología con
      otros colectivos euroamericanos.
2011 Desarrolla el proyecto *Vegaviana memoria colonizada*
      y el formato FW: una aplicación online que permite la
      difusión de fotografías y textos asociados a ellas.
      Se hace mayor: cambia su imagen renunciado al
      distintivo color naranja.
2012 Se publica el blog *El último verano*, en el que los
      miembros de NOPHOTO cuentan en primera persona,
      mezclando fotos y palabras, cómo es su vida y
      su trabajo en el periodo más profundo de la crisis
      económica reciente.
      Inaugura Garaje Vistahermosa, un espacio propio
      en el que periódicamente se programan eventos,
      presentaciones y actividades diversas.

2013 Gestiona el territorio fotográfico de Centro Centro
(Ayuntamiento de Madrid), desarrollando cuatro
exposiciones a lo largo del año.
Matías Costa deja el colectivo.
Comienza el proyecto *This is Spain*, una incompleta
guía de viaje, financiado por Fundación La Caixa y
Vegap.
2014 Desarrolla el proyecto *Retando a la suerte*, dirigido
por Tania Pardo, que genera una colección de trece
exposiciones portátiles en formato caja, comisariada
cada una por un curador diferente.
Lanza *DÚO*, un periódico «monotemático de aparición
imprevisible», que publica juntos a escritores y
fotógrafos, sean o no miembros de NOPHOTO.
Rafael Trapiello entra en el colectivo.
Iñaki Domingo y Marta Soul dejan el colectivo.
2015 Cumple diez años y, tras un periodo de reflexión, se
intenta reinventar con resultados aún imprevisibles.
Carlos Sanva deja el colectivo.
Lanza un nuevo formato *online* llamado *Crónicas*, con
el proyecto *Del 20N al 20D*, sobre un mes crucial en
la historia de España.

Exposiciones

2007 *Muta Matadero X NOPHOTO*. Matadero, PHE07,
Madrid.
14 proyectos expositivos. Galería K, Lisboa (Portugal).
En el barrio desde... FNAC, Valencia.
2008. *Here & Now*. Hubei Museum of Art, Wuhan, China.
2008-2011 *Laberinto de miradas*. AECID, itinerante por
Iberoamérica.
2009-2011 *Aquí y ahora*. AECID + Instituto Cervantes,
itinerante.
2010-2011 *Red, 25 años de FGV*, Metro Valencia y Alicante.
2011 *Vegaviana memoria colonizada*. Vegaviana.
2013 *El último verano, Pensando en libro, Kamikazes de la
imagen y Vidas cruzadas*. Centro Centro, Madrid.
2014 *Mapping the Blind Spots*. Museo Lázaro-Galdiano,
Madrid.
Retando a la suerte. Tabacalera, Madrid.
2015-2016 *This is Spain*. CaixaForum, Madrid, Barcelona y
Zaragoza.

Publicaciones

2006 *ARCO 2006, una retrospectiva*. Ifema.
La noche de los libros. CAM.
Ojo de Pez #07. La Fábrica.
2007 *Muta Matadero X NOPHOTO*. Matadero Madrid.
2008 *Agenda FNAC*. Fnac España.
2009 *Aquí y ahora*. AECID + Instituto Cervantes.
2010 *Red*. FGV.
2012 *El último verano* (periódico). NOPHOTO.
2014 *SOPLAAINND: SPUTNIK + NOPHOTO*. Madrid.
Retando a la suerte. Tabacalera.
VGVN. PHREE.
This is Spain. NOPHOTO + La Caixa.

The Only Thing Prohibited Is Not Photographing

Diego Bagnera

Are they photographers? Not only. Artists? Yes, and no. Reporters? Indeed. *Video-makers*? When they have to be. Journalists? As well. Writers? Also. Essayists? A lot. Cultural managers? Absolutely. Producers? Next. Activists? If the opportunity arises. Publishers? Unpredictably, always. Travellers? More than that: wanderers. People of the pathways. Re-founders of the territory on which the majority, by majority, has established as a landscape. Photographers initially, they are primarily and above all multi-disciplinary creators, and, to state it once again: artists, a definition with which several of those among them might perhaps disagree. They are as experimental as they are experts, and their attitude towards reality is befitting that of creators, not of stenographers of what is merely current. So do they make art? Not necessarily. In this unclassifiable hybrid that they embody they are artists who are committed to not making art but rather good reportages. They are restless creators who rebel against the sources from which they drink. Art as such –with its closed, gallery-based, proudly minority and elitist circuit of diffusion– does not reach them, just like fashionable journalism, as a consumer product, conceived of in the image and likeness of advertisers and political loyalties. They thus draw up authentic documents –many of them made of fiction– strictly based on real facts. *Fiction* not as an evading of reality, but as a deeper and more complex way of showing it. They thus take photographs in an unconventional manner. In a literary, but not literal way, understanding *literature* as the adulteration of the literal: the capacity of stating something without stating it, of revealing it without showing it, hardly touching on its meaning in order to grant it feeling in its polysemic truth, without intending to corset it into a closed logic, with a desire to dominate it. They in turn understand photography as a reflection in the broadest sense: reflection both as mirror reflection and as thought. More than reflecting reality (which they incvitably reflect) the members of NOPHOTO reflect upon it, delving into it, desacralising it, even parodying it, without ever falling into the temptation (nor the belief) of being able to explain it, much less solve it. They accept the challenge of bearing its mystery, often being in wonderment, sometimes horrified, always astounded.

An old proverb synthesizes their philosophy: "Time always gets revenge for what we do without it". the members of NOPHOTO focus on a subject and then go on to calmly carry out research work in which everything counts and nothing is left out, simply because everything that comes into a relationship with them in their chosen direction is, is being and, therefore, has to be reflected and thought out. They do not deal with reality expecting to find what they imagine, and if they do not find it they just carry on forwards. There is always something for them, simply because there is. How could there not be? Faced with the so-called "lack of newsworthy reality", they know that what is lacking is not more reality, but more gaze. That there is only an excess of themselves, preventing them from seeing the way a child does, someone for whom reality is not yet a compendium of familiar codes reduced to their own manipulation. Like for a child, everything for them has to be a sign again, not a signification, nevertheless counting on the advantage of knowing the shared signification so as to thus see how it possesses us and has restricted our gaze. "We don't enjoy being contrary," they declare, "We enjoy going slowly, ambling, observing the tiny differences among things, discovering their rhythms. Trying to discover an object, going around it, caressing its outline and covering the whole perimeter. Wondering about what it is made of and what role it plays in the general story. Being forced to exhaust the subject and not say anything. Being forced to simply look and not solve anything. Not to illustrate, not to define, not to take photographs. What we enjoy is to de-photograph things and de-name them". In their relationship with the real they do not just discard that with a common medium would do. Everything is significant; "superfluous realities" or "anodyne realities" are concepts of power, of the dominant narrative that they counter-report, returning value to that which, for reasons that are not always clear, has been devalued. They do not try to mask nor hide what they find. They grant it the space that what is also being has. They do not, nor intend to "make" something out of reality: they present themselves to discover what reality does with them and they express it, fearlessly backing themselves up with their personal and even autobiographical aspects, knowing how to read the general and the symbolic within the specific. There are so many examples. I am taking one at random, as it is from not long ago, from one of their most recent projects: Del 20N al 20D [From 20N to 20D], the visual calendar that they have been making between the date of the fortieth anniversary of the mass-murderer leader Francisco Franco and that of the new general elections.

El Pardo, Madrid. I have been here all morning. I have been up and down the streets several times. Everything is closed. I haven't seen any Franco supporters demonstrating or anyone showing support for him. What I have noticed is that I have crossed the path of the same cat several times. After all, unwillingly, I photographed him. I noticed he has an eye missing, his right eye, like Millán Astray. Fed up of not meeting anyone and after several local people in a bar had refused to let me take their portrait, I started reading about this Spanish military official. I recalled his controversy with the intellectual Unamuno, which led to his famous statement "Death to intelligence! Long live death!", and I read that he had been head of the Press and Propaganda during the military dictatorship. Perhaps this mutilated cat has been watching me all morning. Perhaps it was him.

In NOPHOTO the only thing prohibited is not photographing. Not photographing means not having looked well. Not having paid attention.

As this example clearly shows, the complementary text does not worry them. It is never the crutch for a limp image. Text and photo act autonomously, each being justified for itself, but at the same time working in an essentially complementary and always literary manner, as we were saying, in order to talk about something without pronouncing or showing that which would most unequivocally express it and would only thus, paradoxically, be able to feel its truth. In this way, image and text together generate –more than a response– the meaning-laden emptiness into which the spectator may fall back into their own interrogating nature. Being returned, in short, to the amazement, according to etymology, the startle produced by the sudden appearance of a shadow over the clarity to which we have become used and which this appearance questions and restates. The role of the photographer –this Madrid group seems to point out –is always this: an original gaze of amazement, or it is not at all.

This premise was there at its beginning, when these restless photographers were not yet NOPHOTO and used to meet once a month in Shooters in Madrid, a bar near the Gran Vía Avenue. There, in 2004, they would organise their *Proyecta*: encounters at which the different creators selected each month according to a very open and plural criterion would show their works projected on a giant screen. Shortly afterwards the central nucleus of the group decided to unite their efforts and create an agency that was, as they usually say, not conventional. That is, with the particular aspect of having an aesthetic and conceptual line that was not univocal but polyphonic. An aesthetic and conceptual line that lacked any aesthetic and conceptual line, not because it chaotically had none -- that so post-modern thing of empty sabotage -- but due to it being kept creatively open to all, which requires value and patience when bringing efforts together among people who are as different as those who have formed the nucleus of this group, although they are united by an unending passion for making. In NOPHOTO no one asks for permission. One does not wait to be assessed in order to carry out one's projects. One does not request: one does. Dreams are made real. Under no umbrellas, with rare support, they do not have to answer to anyone and they have made themselves through the strictest self-management, creating their own platform, from which they have grown and shown that, as Brancusi believed, things are not difficult to do; the difficult thing is for us to get ready to do them. And to do them.

They themselves usually say that NOPHOTO, besides being an agency, is an attitude: that of perhaps accepting that it is not so important what the world and the rest have made of us but what we are going to do with what the world and the rest have made of us. That of accepting, in short, that perhaps we cannot modify reality, but we can modify our lives by changing our gaze in relation to that which conditions us but does not determine us, and thus modifying, by adopting a different attitude, our own acts in relation to the same facts. I have often felt more involved in the NOPHOTO projects than in those of so many newspapers, radios and television reports. They are aware of the world, and do not forget life. Even when they do not understand it, they show it. Like children. With that same playful aim. They play. But they play with all the truth of the world. I enjoy their work, even what I don't like. Like looking in the mirror. Their first ten years of activity already represents one of the most stimulating cultural activities in contemporary Spain. Pure inspiration: they inspire to what is related to their creations. And that is always an act of love, which, far from creating that which does not exist –that so "magical" thing of romantic love– shows that which on our own, with help from no one, we cannot see. To another ten years without strict guidelines. We thank them for it.

Diego Bagnera

Nació en Buenos Aires en 1973 y reside en España desde 2002. Ha estudiado periodismo, literatura, interpretación y dirección escénica. En Argentina, obtuvo el Premio Nacional de Poesía para autores inéditos y la Beca del Fondo Nacional de la Artes en la categoría teatro. Durante los últimos 20 años ha trabajado como periodista para diversos medios de Argentina y España. Actualmente es redactor jefe de *XLSemanal*. Ha dirigido a su vez tres montajes teatrales: *Este sueño compartido que llamamos realidad, Aún no consigo besar* –ambos de su autoría– y *Nina*, de José Ramón Fernández.

He was born in Buenos Aires in 1973 and has lived in Spain since 2002. He studied journalism, literature, acting and stage direction. In Argentina he was awarded the national Poetry Prize for unpublished authors and a grant from the Argentinean National Arts Council in the field of theatre. For the last twenty years he has worked as a journalist on several outlets in Argentina and Spain. He is currently editor-in-chief on *XLSemanal*. He has directed three theatre performances: *Este sueño compartido que llamamos realidad, Aún no consigo besar*–both written by himself–and *Nina*, by José Ramón Fernández.

PHoto**Bolsillo**

Director de la colección/ Series editor
Chema Conesa

Coordinación/ Coordination
Doménico Chiappe

Diseño original/ Original design
Fernando Gutiérrez

Traducción/ Translation
David Prescott

Fotomecánica/ Photomecanics
Museoteca

Impresión/ Printer
Brizzolis

© de las imágenes/ Image
Sus autores/ their authors

© del texto/ Text
Diego Bagnera

© de la presente edición/ Present edition
La Fábrica, 2016

ISBN
978-84-16248-46-9

Depósito legal/ Legal deposit
M-38358-2015

NOPHOTO quiere dar las gracias públicamente a todas
las personas que trabajan, o han trabajado, con nosotros
durante todos estos años/ NOPHOTO want to thank to all
persons who work, or worked, with us this years: Mireia A.
Puigventós, Joanna Orzechowska, María Canudas, Elvira
Rilova, Leticia Cienfuegos-Jovellanos, Andrea Temes y Julio
César González.

LA FÁBRICA

Director general / General Manager
Álvaro Matías

Directora editorial / Editorial Content Manager
Camino Brasa

Director de Desarrollo Editorial / Editorial Development Manager
César Martínez-Useros

Director de Producción / Production Manager
Rufino Díaz

Distribución / Distribution
Raúl Muñoz

LA FABRICA

Presidente / President
Alberto Anaut

La Fábrica
Verónica, 13
28014 Madrid
Tel.: 34 91 360 1320
edicion@lafabrica.com
www.lafabrica.com

Una coedición entre / A Coedition Between

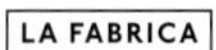
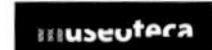
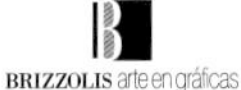

Biblioteca de Fotógrafos
Españoles

Xavier Miserachs
Nicolás Muller
Humberto Rivas
Ricky Dávila
Koldo Chamorro
Francesc Català-Roca
Carlos Pérez Siquier
Luis Pérez-Mínguez
Gabriel Cualladó
Javier Vallhonrat
Miguel Trillo
Pilar Pequeño
César Lucas
Fernando Gordillo
Agustí Centelles
Baylón
Isabel Muñoz
José María Díaz-Maroto
Cristóbal Hara
Antonio Tabernero
Alberto García-Alix
Pablo Genovés
Clemente Bernad
Carlos Serrano
Ramón Masats
Óscar Molina
Cristina García Rodero
Pablo Pérez-Mínguez
Joan Fontcuberta
Navia
Ricard Terré
Fernando Herráez
Oriol Maspons
José Ignacio Lobo Altuna
Xurxo Lobato
Genín Andrada
Valentín Vallhonrat
Vari Caramés
Juan Manuel Díaz Burgos
Ferran Freixa

José Antonio Carrera
Manuel Vilariño
Kim Manresa
Rafael Navarro
Toni Catany
Luis Escobar
Marta Sentís
Chema Madoz
Ciuco Gutiérrez
Alberto Schommer
Ouka Leele
Manel Esclusa
Laura Torrado
Ángel Marcos
Ortiz Echagüe
Francisco Ontañón
Carlos Saura
Alfonso
Juan Manuel Castro Prieto
Pep Bonet
Juantxu Rodríguez
Paco Gómez
Virxilio Vieitez
Gonzalo Juanes
Rosa Muñoz
Leopoldo Pomés
José Ramón Bas
David Jiménez
Leonardo Cantero
Jordi Socías
Colita
Alfredo Cáliz
Gervasio Sánchez
Txema Salvans
Matías Costa
Emilio Morenatti
Pierre Gonnord
Ricardo Cases
Sofía Moro
Joan Tomáss
Atín Aya
Rafael Trobat
José Cendón

Luis de las Alas
Joan Fontcuberta 2
Chema Conesa
Ragel
Samuel Aranda
Rafael Sanz Lobato
Juana Biarnés
Manuel Outumuro
Cristina de Middel
Carlos Spottorno
Aitor Lara
Miguel Bergasa
Javier Arcenillas
NOPHOTO

Biblioteca de Fotógrafos
Latinoamericanos

Luis González Palma
Casasola
Marcos López
Cia de Foto
Raúl Cañibano
Alberto Korda
Tito Caula

Biblioteca de Fotógrafos
Africanos

Jean Depara
Samuel Fosso
Mama Casset
Zwelethu Mthethwa

Próximos títulos/
Upcoming books

Laia Abril
Blank Paper

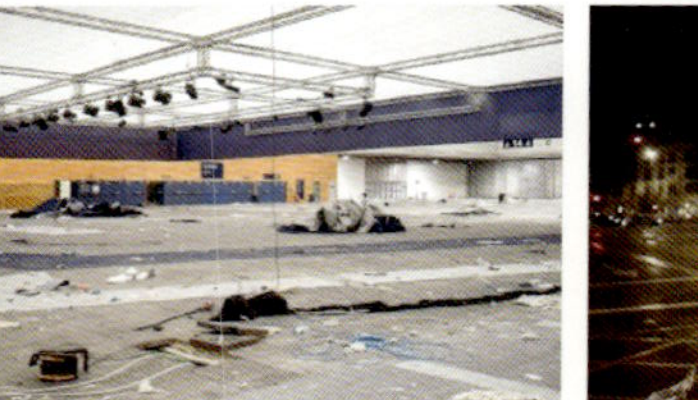

21D. Eduardo Nave
Fin de fiesta. IFEMA, pabellón 12, Madrid
To be continued?

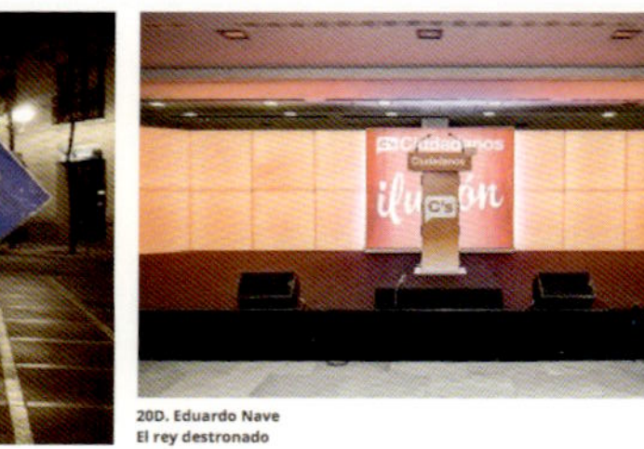

20D. Eduardo Nave
Proyecto de España
(pensamientos de Albert)
¡He hecho historia! Aunque Podemos también, pero me da igual. ¡Van a tener que pactar conmigo! ¿Pactarán conmigo?¿Me van a hacer caso? ¿Pasarán de mí? ¡Pero es que soy necesario! Soy la nueva democracia, yo se como hay que gobernar España. ¡Soy la cabeza de la nueva transición española! Aunque Pablito casi me ha doblado....:-(
Y yo que quería dejar un país mejor para nuestros hijos...

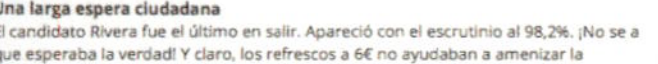

20D. Eduardo Nave
Una larga espera ciudadana
El candidato Rivera fue el último en salir. Apareció con el escrutinio al 98,2%. ¡No se a que esperaba la verdad! Y claro, los refrescos a 6€ no ayudaban a amenizar la velada.

20D. Rafael Trapiello
Calle de Génova, Madrid
Una pareja se retira en cuanto Rajoy y la directiva del PP se van del balcón. Van abrazados, para combatir el frío, se diría. Quizás no sea por el frío sino por la incertidumbre. A su partido le toca dialogar si quiere formar gobierno. Y es algo en lo que están desentrenados. Llevan cuatro años sin hablar con nadie.

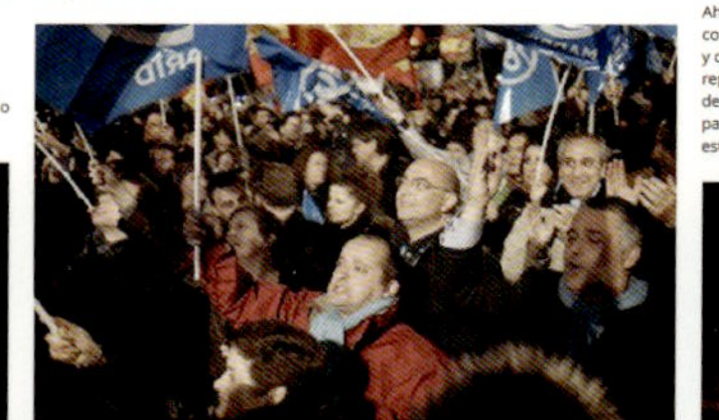

20D. Juan Santos
Pactómetro
Los resultados de las elecciones dejan un parlamento fragmentado, que tendrá que dejar de lado algunos términos como rodillo para conjugar otros como pacto. Algunos querrían tener un aparato como el "pactómetro" para esta nueva tarea. Veremos.

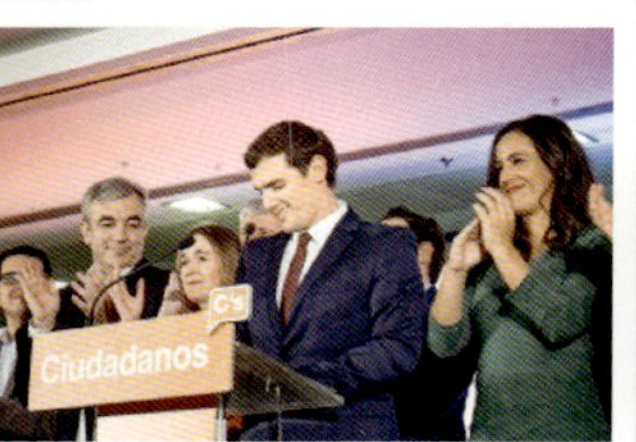

20D. Eduardo Nave
El rey destronado

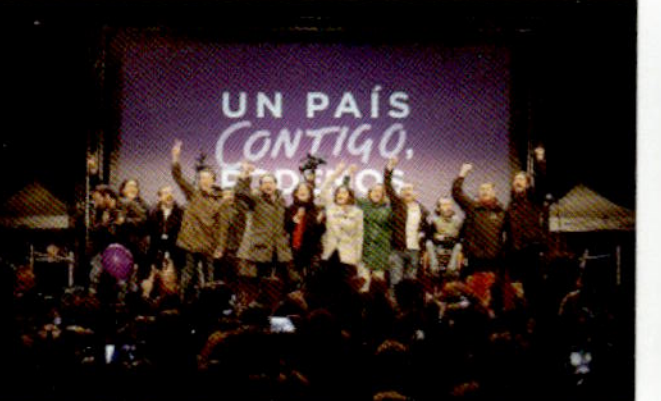

20D. Rafael Trapiello
Calle de Génova, Madrid
Rajoy tarda en salir. Se rumorea que tal vez no lo haga. Hay demasiada poca gente. Durante la espera escucho varias conversaciones. Un simpatizante dice en una entrevista estar seguro de que el PP va a gobernar, porque con Ciudadanos suma "casi" mayoría absoluta. Una televisión francesa pregunta a otra persona por qué hay tan poca gente, y este responde que en el otro lado de Génova hay más gente que donde le están haciendo la entrevista. Una pareja de amigos comenta que con la irrupción de Podemos el Parlamento va a parecerse al Proyecto Hombre porque, dicen, el noventa y cinco por ciento de la gente de sus listas tiene antecedentes penales por drogas y cosas así. Oigo a tres descerebrados cantar "...alzad los brazos hijos del pueblo español". Finalmente Rajoy y la plana mayor del partido salen a saludar y decir unas pocas palabras. La gente le aclama. Cinco minutos más tarde todo se ha acabado.

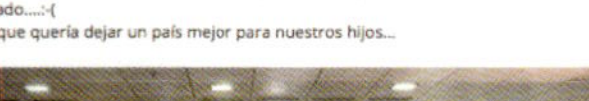

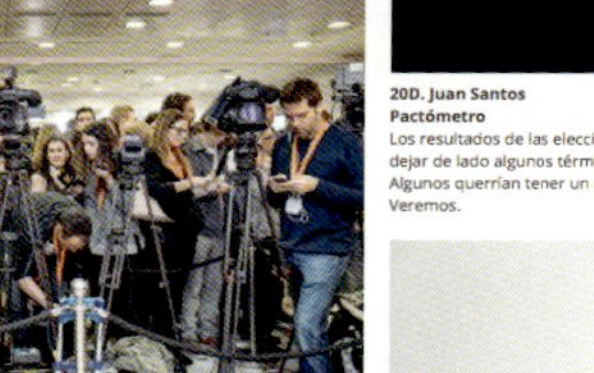

20D. Jonás Bel
Plaza del Museo Reina Sofía, Madrid
Ahora, poco a poco, sabremos si toda la responsabilidad, ilusión, esfuerzo y compromiso que nos han pedido todos los partidos políticos se plasma en su trabajo y decisiones. Esto no ha hecho más que empezar. Puede producirse incluso una repetición de estas elecciones por imposibilidad de formación de gobierno. Dentro de nuestra difícil situación política y económica, se plantea un escenario de minorías parlamentarias que deberán trabajar muy duro para intentar dotar de estabilidad a este país. Veremos si consiguen estar a la altura.

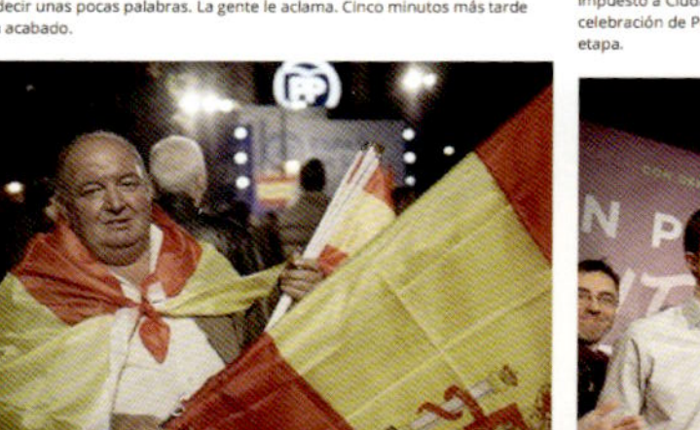

20D. Jonás Bel
Plaza del Museo Reina Sofía, Madrid
El PP ha obtenido su resultado más bajo desde 1989. Para el PSOE ha sido el peor desde la restauración de la democracia. Izquierda Unida se diluye en Asturias, su feudo histórico. UPyD se queda fuera del Congreso y se convierte en el gran derrotado. ERC y PNV han conseguido buenos resultados. Podemos y las formaciones que lo acompañaban se han convertido en el partido del cambio, se han impuesto a Ciudadanos, que no ha cumplido sus expectativas. En el acto de celebración de Podemos la euforia y el optimismo era enorme. Se abre una nueva etapa.

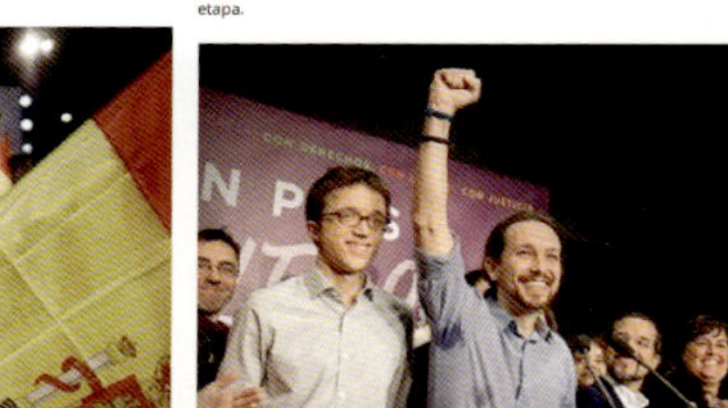

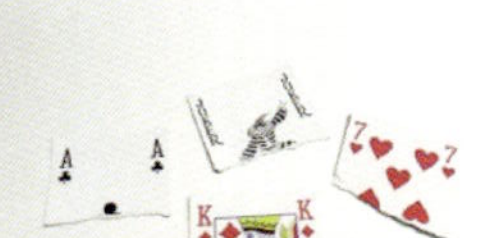